P

Verena Steiner

Exploratives Lernen

Der persönliche Weg zum Erfolg
Ein Arbeitsbuch für Studium, Beruf und Weiterbildung

Illustrationen von Gaby Klaey

Pendo
Zürich München

Zu diesem Buch

Die Fähigkeit, sich eigenständig und in kürzester Zeit in neue Wissensgebiete einzuarbeiten, wird die entscheidende Grundkompetenz der Zukunft sein. Da der Lernstil etwas sehr Individuelles ist, ist es wichtig herauszufinden, welche Strategien für das eigene Lernen besonders effizient sind. Die Schlüssel zum Erfolg des Explorativen Lernens sind Neugier und die Lust, sich selbst und die Prozesse rund ums Lernen zu beobachten und damit zu experimentieren. Denn nur durch Selbstbeobachtung finden wir unseren optimalen Lernstil. Mit Steiners Arbeitsbuch können Sie Ihr Lernen so gestalten, dass es nicht nur mehr Erfolg, sondern auch mehr Spass bringt.

»Exploratives Lernen« vermittelt grundlegendes Wissen über die Prozesse des Lernens, über Denkstile, Konzentration und Gedächtnis. Es enthält ausserdem zahlreiche Tipps, Methoden und Anregungen, um neue Vorgehensweisen, Praktiken und Strategien auszuprobieren. Die Autorin verknüpft in diesem Werk ihre eigenen langjährigen Erfahrungen als Autodidaktin mit Erkenntnissen aus der Wissenschaft und mit Entdeckungen von zahlreichen Studierenden.

Verena Steiner, geboren 1948 im Aargau (CH). Studium der Biochemie an der Universität Basel. Promotion. Als Forscherin, Autodidaktin, Managerin und Dozentin befasst sie sich seit 25 Jahren mit dem Thema Lern- und Arbeitsstrategien. Sie ist Initiantin und Leiterin von ETH tools. 1998 lancierte sie das überaus erfolgreiche Kursprogramm »Lernen mit Lust!« an der ETH Zürich. Für ihr Wirken wurde sie mit dem Lady Waterman Prize 1998 ausgezeichnet.

Inhaltsverzeichnis

Vorwort	7
Einleitung	8
1 Auf ins Abenteuer	**13**
Weiße Flecken auf der Landkarte	16
Die fünf Elemente des Explorativen Lernens	17
Exploratives Lernen beginnt mit Neugier	19
Beobachten und Reflektieren	26
Den persönlichen Lernstil finden	48
2 Konzentration	**67**
Konzentration – Stillhalten oder Bewegung?	69
Der Möglichkeiten sind viele	77
3 Den Lernprozess angehen	**95**
Das Wesen der Prozesse	97
Geistige Flexibilität	115
Mikro- und Makroprozesse beim Lernen	125
Wissen, Gedächtnis und Erinnerung	133
4 Inhalte erarbeiten	**159**
Nicht jeder Inhalt ist gleich gut erschließbar	160
Denkpause vor dem Start	169
Der richtige Einstieg ist entscheidend	174
Beim Elaborieren das Spielen nicht vergessen	182

Inhaltsverzeichnis

Intelligent reduzieren und strukturieren	192
Mehr Lust dank guter Strategie	198

5 Das Vergessen nicht vergessen — 207

Vom Sinn des Auswendiglernens	209
Vergessen ist besser als sein Ruf	211
Memorieren: wo Ausdauer und Fantasie sich treffen	220
Repetieren und Festigen	230
Danksagung	237

Anhang

Anmerkungen	240
Sachwortregister	245

Vorwort

Das Lernen erlernen! Was gibt es Wichtigeres im Leben, besonders heute, wo das Wissen so rasant sich vermehrt, sich verwandelt und veraltet? Wer nicht lernt, bleibt stehen und wird früher oder später seinen Arbeitsplatz verlieren. Das bisherige Wissen regelmäßig durch aktuelles zu ersetzen ist entscheidend für das Überleben in der heutigen Wissensgesellschaft. Burrhus Frederic Skinner (1901–1990), der berühmte amerikanische Psychologe hat gesagt: »*Education is what survives when what has been learned has been forgotten.*«

Das Lernen zu erlernen ist das Ziel dieses Arbeitsbuches von Verena Steiner, ein außergewöhnlich nützliches Buch, das dazu anregt, sich einen persönlichen Weg zum Erfolg zu erarbeiten; ein höchst erfrischender und amüsanter Text, der leicht zugänglich ist und trotzdem Spuren fürs ganze Leben hinterlässt. Schade, dass ich ein Buch dieser Art nicht schon in meiner Jugend zur Verfügung hatte! Das Erlernen der fast uferlosen chemischen Phänomenologie wäre mir viel leichter gefallen.

Das Buch ist nicht für Didakten im Elfenbeinturm geschrieben, sondern für die Lernpraxis in der Schule und im Beruf. Die Sprache ist einfach, prägnant und verständlich und vermeidet unnötigen Fachjargon und ein Übermaß an Referenzen. Das Arbeitsbuch dient wohl eher der täglichen Morgengymnastik, als dass es sich als abendliche Schlafhilfe eignen würde.

Ich wünsche dem Werk einen breiten Eingang in das Notgepäck möglichst vieler vom Lernen geplagter Studierenden und gestresster Menschen in der Praxis. Ich hoffe, dass es die Freude am Lernen fördert und so mithilft, den Bildungsstand und die Lernfähigkeit der kommenden Generation zu stärken.

Einleitung

Dies ist ja von großer Wichtigkeit, wollen wir in der Lage sein, die uns erwartenden zukünftigen Probleme zu meistern. Wehe dem, der zur Karikatur von Molière passt: *»Les gens de qualité savent tout sans avoir jamais rien appris!«* Ganz ohne Anstrengung geht das Lernen nicht, aber mit Verena Steiner macht es Spaß.

Ich bin sehr froh, dass sich Verena Steiner die Zeit genommen hat, ihre reiche Erfahrung und ihren einmaligen Instinkt für das Wesentliche in dieser Form allen Lernwilligen zugänglich zu machen.

Zürich, 9. Dezember 1999
Richard R. Ernst (Nobelpreis für Chemie 1991)

Einleitung

Möchten Sie das Lernen neu entdecken? Es mit mehr Lust angehen? Ihre Konzentration und den Erfolg steigern und dabei Ihrer Experimentierlust frönen und überraschende Entdeckungen machen?

Dann wird Ihnen das Konzept des Explorativen Lernens zusagen.

Die Voraussetzungen bringen Sie wahrscheinlich schon mit, sonst hätten Sie dieses Buch gar nicht erst aufgeschlagen: Die Schlüssel zum Explorativen Lernen sind Neugier sowie die Lust, sich selbst und die Prozesse rund ums Lernen zu beobachten, zu analysieren und darüber nachzudenken.

Beim Explorativen Lernen sind Sie selbst die Hauptakteurin oder der Hauptakteur. Denn Lernen ist etwas sehr Persönliches

Einleitung

und Individuelles. Es geht nun darum, sich bewusst zu machen, wie Sie lernen, und diese Vorgehensweisen weiterzuentwickeln und laufend zu optimieren. Dieses Buch soll Sie dazu inspirieren. Sie werden

- vieles über die Konzentration und deren Verbesserung lernen
- mehr über Ihre bevorzugten Denkstile erfahren
- effiziente und wirkungsvolle Lernstrategien entwickeln können
- die wichtigsten Faktoren zur Verbesserung des Erinnerungsvermögens kennen lernen
- erleben, wie Spaß, Motivation und Interesse am Lernen zunehmen
- Ideen bekommen, wie Sie sich »zähe Brocken« einprägen können
- lernen, wie das Repetieren zum Erfolgserlebnis wird
- sehen, warum das Kurzzeitgedächtnis begrenzt ist und wie man damit umgehen kann
- ein Gespür für die Prozesse des Lernens entwickeln und sie beobachten und analysieren können

Ich selbst habe das Lernen im Alter von 25 Jahren entdeckt. Damals begann ich, an der Berufsmittelschule Bern Chemie zu unterrichten. Um die Lektionen vorbereiten zu können, musste ich mich nochmals in den Stoff vertiefen. Innerlich war ich dabei im ständigen Dialog mit den Schülern, und so machte mir das Lernen zum ersten Mal Spaß.
Bald begann ich, mir mehr Gedanken über den Lernprozess und über das Lernen des Lernens zu machen. Ich fand interessante Bücher über das Lernen des Lernens[1] und die Impulse,

Einleitung

> *Ein Geist, einmal durch eine neue Idee weit geworden, schrumpft nie wieder auf seine ursprüngliche Größe.*
> OLIVER WENDELL HOLMES

die ich durch die Werke erhielt, lösten eine Eigendynamik aus, die mich immer weiter und weiter führte. Ich probierte viele Lerntipps aus, modifizierte, experimentierte, und entdeckte eigene wirkungsvolle Vorgehensweisen und neue Strategien. Und ich lernte dabei, mich selbst beim Lernen und Denken zu beobachten und zu steuern.

Je intensiver ich mich mit den Prozessen rund ums Lernen befasste, um so mehr Lust bekam ich aufs Lernen selbst. Mit 36 Jahren begann ich mein Zweitstudium in Biochemie, und es machte sehr viel Spaß. Denn nun konnte ich alle meine bisherigen Lernerfahrungen anwenden und mir die Inhalte mit minimalem Zeitaufwand aneignen. Viele meiner nützlichen Erfahrungen stammen im Übrigen aus anderen Gebieten: vor allem aus meinem Training als Langstreckenläuferin, denn zwischen dem sportlichen Training und dem Training unseres Gehirns gibt es unzählige Parallelen.

Während der anschließenden Jahre in der Pharma-Forschung wurde mir noch stärker bewusst, wie nah verwandt gute Lernstrategien, gute Trainingsstrategien und gute Arbeitsstrategien sind. Ob man sich auf das Staatsexamen vorbereitet, für einen Marathon trainiert oder an einem großen Forschungsprojekt arbeitet – die Prozesse sind im Prinzip dieselben. Zu jener Zeit dachte ich zum ersten Mal daran, ein Buch über das Lernen des Lernens zu schreiben. Doch zunächst hielt ich Referate zum Thema Lernen, beobachtete weiterhin mich selbst und andere und untersuchte das Lernverhalten von Fachhochschul-Studenten. Im Jahre 1998 schließlich entwickelte ich an der Eidgenössischen Technischen Hochschule Zürich das Programm »Lernen mit Lust!«. Es schlug ein wie eine Bombe: Für den ersten Kurs meldeten sich über tausend Studierende an!

Der Kontakt mit den Studierenden ist unglaublich stimulierend. Das Interesse der jungen Frauen und Männer hat mich inspiriert, diesen Sommer meinen Aufenthalt an der Harvard University zu nutzen, um mich nicht nur mit dem neuesten Stand der Forschung rund ums Lernen auseinander zu setzen, sondern auch dieses Buch zu schreiben.

So widme ich das Buch den vielen Studentinnen und Studenten, die ahnen, dass Lernen viel mehr ist als Wissenserwerb. Ich schreibe es für Menschen jeden Alters, die das Lernen vertieft verstehen wollen. Für alle, die ihre Beobachtungen nutzen und sich dabei weiterentwickeln, ihren Horizont ausweiten und sogar überschreiten – was gibt es Schöneres! Auch Berufstätige werden in diesem Buch viele nützliche Anregungen finden, sei es über Konzentration, geistige Flexibilität oder eine etwas andere Sicht auf Prozesse.

Exploratives Lernen ist wirkungsvoll und wird Ihnen Spaß machen, denn Sie werden vieles entdecken, was Ihnen den notwendigen Wissenserwerb erleichtert. Wenn Sie Ihre Experimentierlust ausleben, werden Sie dabei wertvolle Erfahrungen machen, die Sie immer wieder gebrauchen und auch in anderen Lebensbereichen anwenden können. Sie werden das Lernen souveräner und mit mehr Lust angehen und sich selbst besser steuern können. Und Ihre Selbstachtung und Ihr Vertrauen in die eigenen Fähigkeiten werden wachsen.

Sind Sie bereit für das spannende Abenteuer?

1 AUF INS ABENTEUER

> Bevor man beginnt,
> bedarf es der Überlegung und,
> sobald man überlegt hat,
> rechtzeitiger Ausführung.
>
> **SALLUST**

Auf ins Abenteuer

Während der Sommerferien 1969 in Norwegen erlebte ich ein grandioses historisches Ereignis. Ich erinnere mich noch gut an den Kampf um einen Platz im überfüllten Restaurant und an das erwartungsfrohe Herzklopfen: Groß und Klein schaute gebannt auf das Fernsehgerät und verfolgte die erste Mondlandung mit. »Ein kleiner Schritt für einen Menschen, aber ein gigantischer Sprung für die Menschheit« waren die Worte von Neil Armstrong, als er als erster Mensch am 21. Juli den Fuß auf den Mond setzte.

Vielleicht haben Sie die Faszination solcher Unternehmungen auch schon gespürt. Möglicherweise haben Sie den Orbiter III von Bertrand Piccard und Alan Jones auf dem ersten Ballonflug rund um die Erde verfolgt. Oder Sie haben während der Schulzeit mit Begeisterung über Roald Amundsen und Robert Scott und ihren Wettlauf am Südpol gelesen und haben sich hinreißen lassen von den Geschichten über den Afrikaforscher David Livingstone. Sie haben mitgefiebert bei der Suche von Henry Stanley um den verschollenen Livingstone und waren erleichtert, als man ihn krank, aber lebend, am Tanganjikasee fand.

Diese Abenteurer nennt man im Englischen Explorer. In einer Schulausgabe des *Webster's Dictionary*[1] wird die Bedeutung von *to explore* so umschrieben: »reisen durch eine unbekannte oder wenig bekannte Region, um zum Wissen der Menschheit beizutragen«. Im Deutschen gibt es kein Verb, das exakt dem englischen *to explore* entspricht. Die Bedeutung ist jedoch klar: Vor dem geistigen Auge erscheinen sogleich Seefahrer und Polarforscher. Ihre wagemutigen Expeditionen und spannenden Abenteuer üben eine große Faszination auf uns aus.

Worin besteht die Faszination dieser Abenteuer? Ist es – wie *Webster's Dictionary* meint – das Wissen der Menschheit, das durch diese Forschungsreisen erweitert wird? Fasziniert das erreichte Ziel, der Südpol, der Mond, die Umrundung der ganzen Erde im Ballon? Oder ist es der spannende Ablauf der Unternehmungen, unser Mitfiebern: »Erreichen sie heute den Jet-Stream? Was passiert, wenn sie nach China abdriften? Reicht der Brennstoff wohl aus?« Oder ist es gar das Überschreiten der menschlichen Grenzen? Mitzuerleben, wie diese mutigen und leidenschaftlichen Abenteurer trotz großer Mühsal und Entbehrungen über sich selbst hinauswachsen, Horizonte überschreiten und sich selbst und uns allen neue Welten öffnen?

Wahrscheinlich sind es vor allem die zuletzt genannten Punkte, die zutiefst in unserem Inneren etwas anklingen lassen. Denn während des ganzen Auf und Ab der Abenteuer stehen doch die Menschen im Zentrum – die Akteure. Jeder Mensch will entdecken, erforschen und selbst gestalten, sich selbst in der Handlung spüren, seine Grenzen erleben und diese immer wieder ausweiten.

Auf diesem menschlichen Grundbedürfnis nach Entdecken und Erforschen beruht das Konzept des Explorativen Lernens. Denn was ist Lernen anderes als eine ganz persönliche Abenteuerreise durch Wissensgebiete, die einem noch wenig bekannt sind – durch Lernprozesse, bei denen es noch viel zu entdecken gibt? Auch bei diesem geistigen Wagnis werden Sie Überraschungen erleben, werden Sie viele Geheimnisse lüften, und einiges wird Ihnen weiterhin verborgen bleiben. Sie werden als Pfadfinder Mühsal erleiden und als Pionierin öde Wegstrecken zurücklegen müssen. Doch Sie werden dabei Ihre Grenzen ausweiten und über sich selbst hinauswachsen. Und das ist es, was das Explorative Lernen so spannend macht!

Nicht im Wissen liegt das Glück, sondern im Erwerben von Wissen.
EDGAR ALLEN POE

Weiße Flecken auf der Landkarte

Auf der Landkarte des Lernens gibt es noch viele weiße Flecken zu erforschen. Einerseits sind es die Wissensgebiete, die es zu erarbeiten und zu lernen gilt. Andererseits sind aber auch die Prozesse, die beim Lernen ablaufen, zu erkunden. Diese durchziehen alle Disziplinen:

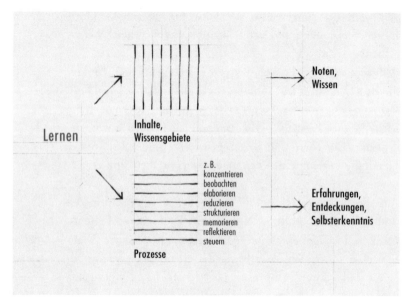

Verschiedene Inhalte – dieselben Lernprozesse

Während der Schule und im Studium stehen vor allem Inhalte und Noten – und mit den Noten auch die Leistung – im Vordergrund. Wenn Sie sich aber auch mit den Prozessen befassen, können Sie das Lernen nicht nur gezielter angehen, Sie erleben sich selbst auch bewusster in den Lernsituationen.

Einen weiteren weißen Fleck auf der Landkarte des Lernens bilden Beobachtung und Reflexion. Sie werden lernen, sich selbst beim geistigen Arbeiten zu beobachten, das Geschehen zu analysieren und darüber zu reflektieren. So werden Sie viele Entdeckungen machen und einen gewaltigen Schatz an Erfahrungen sammeln. Sie werden ausprobieren, experimentieren und optimieren und dabei Spaß haben. Und die gewonnene Lernkompetenz wird Ihnen immer wieder von Nutzen sein.

Wie sagte der Universalgelehrte Georg Christoph Lichtenberg vor über 200 Jahren doch so schön: »Was man sich selbst erfinden muß, läßt im Verstand eine Bahn zurück, die auch bei anderer Gelegenheit gebraucht werden kann.«[2]

Die fünf Elemente des Explorativen Lernens

Was zeichnet Explorative Lernerinnen und Lerner aus? Bemerkenswert ist ihre Grundhaltung, die durch **Neugier, Beobachtung** und **Reflexion** geprägt ist. Explorative Lernerinnen und Lerner gleichen den großen Abenteurern, die in unbekannte Gebiete vorstoßen. Sie sind voller Neugier und Entdeckungslust, sie interessieren sich für sehr vieles, fragen und hinterfragen oft und möchten den Dingen auf den Grund gehen.

Die Neugier bildet den Rahmen, den *frame of mind*, die Grundeinstellung für das Erforschen der Lern- und Wissenslandschaft; siehe Skizze.

Das Interesse gilt nicht nur den konkreten **Inhalten**, die im Bild durch das Schilfdickicht der Uferlandschaft dargestellt sind. Auch die etwas abstraktere Ebene der **Prozesse** ist für Explorative Lernerinnen und Lerner interessant. Um sie zu

Das Brennendste: »Geistige Ereignisse«: Nicht Resultate, sondern Weg! Wer würde es der Jugend sagen können, daß das Lernen – und das Lernen lernen! – alles ist, – nicht das Gelernte?
LUDWIG HOHL

Die fünf Elemente des Explorativen Lernens

beobachten, müssen Sie das Lernen und sich selbst aus einer gewissen Distanz beobachten. Sie fliegen gleichsam wie Superman über die Lernlandschaft und betrachten von oben das eigene Ich, das am Schreibtisch sitzt und geistig arbeitet.

Explorative Lernerinnen und Lerner nehmen sich Zeit, um über die Prozesse, die beim Lernen ablaufen, nachzudenken, die Abläufe zu analysieren und daraus Schlüsse zu ziehen.

Diese Reflexion ist auf dem Bild (gegenüberliegende Seite) durch die Spiegelung der Lernlandschaft dargestellt.

Dank des ausgezeichneten Methoden- und Verfahrenswissens können Explorative Lernerinnen und Lerner den Wissenserwerb professionell angehen. Das macht Spaß, führt zu Erfolgserlebnissen und gibt Befriedigung und Selbstvertrauen. Dies wirkt sich wiederum auf die Motivation und Lernleistung aus: Das Lernen ist für Explorative Lernerinnen und Lerner eine anregende Herausforderung, ein ständiges Suchen, Forschen und Finden, das ein Leben lang dauert.

Exploratives Lernen beginnt mit Neugier

Es macht Freude, einem Baby beim Erkunden der kleinen Welt des Wohnzimmers zuzuschauen. Wie es voller Tatendrang zur Zimmerlinde krabbelt und mit offenem Mund das Blätterwerk bestaunt. Wie es sich dann dem Pflanzentopf zuwendet und fasziniert mit der Hand im Wasser des Untertellers planscht. Es entlockt einem ein Lächeln, wenn das Kleine dann mit nassen Fingern die Erde im Topf untersucht und vor Freude jauchzt, wenn es sieht, was für schöne dunkle Spuren seine Händchen auf dem Teppich hinterlassen.

Wer erschrickt nicht, wenn die Entdeckungslust jäh unterbrochen wird vom entsetzten Aufschrei der Mutter, die das Baby packt und zum Wasserhahn trägt. Ein paar Augenblicke später sitzt es etwas konsterniert und mit sauberen Händchen im Laufgitter. Leise Erinnerungen steigen in einem auf, und man ahnt die große Sehnsucht des Kleinen, die Welt außerhalb des Laufgitters zu entdecken und zu erkunden.

Auf ins Abenteuer

*Niemand ist
so uninteressant wie ein
Mensch ohne Interesse.*
JOHN MASON BROWN

Später, wenn das Baby längst sprechen gelernt hat, zeigt sich diese Sehnsucht in seinen Fragen. Doch irgendwann nimmt bei vielen die kindliche Neugier ab. Es gibt berühmte Männer und Frauen, die ihre Neugier, ihren Erkenntnisdrang und ihr Staunen ins Erwachsenenalter hinüberretten konnten. Unter ihnen finden sich große Geister wie Leonardo da Vinci, Isaac Newton, Georg Christoph Lichtenberg, Johann Wolfgang von Goethe, Lise Meitner, Louis Pasteur, Marie Curie und Pablo Picasso. Der Historiker Jean Rudolf von Salis bezeichnet Neugier als »eine meiner wichtigsten Antriebskräfte. Sie ist geradezu ein Motor. Ich wollte immer alles sehen, alles hören.«[3]
Goethe mit seinem unbändigen Forschungsdrang, beschreibt seine grenzenlose Neugier in der »Italienischen Reise«[4] gar als Gespenst. Seinem Eintrag vom 16. April 1787 läßt sich entnehmen, daß er im öffentlichen Garten von Palermo sein Pensum in der »Odyssee« gelesen und anschließend den Plan für »Nausikaa« weiter durchdacht hat. Doch tags darauf hat ihn das Gespenst wieder einmal gepackt:

> Heute früh ging ich mit dem festen, ruhigen Vorsatz, meine dichterischen Träume fortzusetzen, nach dem öffentlichen Garten, allein eh' ich mich's versah, erhaschte mich ein anderes Gespenst, das mir schon diese Tage nachgeschlichen. Die vielen Pflanzen, die ich sonst nur in Kübeln und Töpfen, ja die größte Zeit des Jahres nur hinter Glasfenstern zu sehen gewohnt war, stehen hier froh und frisch unter freiem Himmel, und indem sie ihre Bestimmung vollkommen erfüllen, werden sie uns deutlicher. Im Angesicht so vielerlei neuen und erneuten Gebildes fiel mir die alte Grille wieder ein, ob ich nicht unter dieser Schar die

Urpflanze entdecken könnte. Eine solche muß es denn doch geben! Woran würde ich sonst erkennen, daß diese oder jenes Gebilde eine Pflanze sei, wenn sie nicht alle nach einem Muster gebildet wären?

Der ungarisch-amerikanische Motivationsforscher Mihaly Csikszentmihalyi untersuchte Anfang der Neunzigerjahre in einem mehrjährigen Projekt die menschliche Kreativität.[5] Insgesamt 91 kreative Persönlichkeiten wurden dabei interviewt. Unter ihnen waren zahlreiche bekannte Nobelpreisträger, Wissenschaftlerinnen und Wissenschaftler, Poeten, Musiker, Historiker sowie Künstlerinnen und Künstler. Csikszentmihalyi fand unter den Merkmalen, die solcherart kreativen Menschen zugeschrieben werden können, zwei Tendenzen: leidenschaftliche, beinahe besessene Ausdauer und stark ausgeprägte Neugier und Offenheit.

Sie sind also in guter Gesellschaft, wenn Sie Ihre Neugier kultivieren!

Neugier fordert

Es scheint kein Zufall zu sein, daß aus der Untersuchung von kreativen Persönlichkeiten neben der Neugier auch die Offenheit als wichtiges Merkmal resultiert. Denn ohne Offenheit gibt es keine Neugier. Fehlt die Offenheit, herrscht Abwehr, die sich auch als Angst, Gleichgültigkeit, Desinteresse, Ausweichen oder Bequemlichkeit äußern kann. Diese Abwehr würgt die Neugier ab und lässt sie ersticken.

Frederic Vester, der 1973 mit seiner Fernsehsendung »Denken, Lernen, Vergessen« Lerngeschichte geschrieben hat, bezeichnet

Auf ins Abenteuer

Neugier ist eine der festen und ständigen Eigenschaften eines energischen Geistes.
SAMUEL JOHNSON

in seinem gleichnamigen Buch[6] die Neugier als einen »Grundtrieb des Lernens überhaupt« und einen »Trieb, der bei allen höheren Tieren vorhanden ist und die Abwehr gegen alles Fremde überwiegen kann«.

Diese Abwehr zu überwinden stellt hohe Ansprüche an den Erkenntnisdrang des Individuums. Der Musiker Leonard Bernstein spricht sogar von »elitism of curiosity« – vom Elitedenken der Neugier – und meint damit eine ganz spezielle, erforschende Qualität der Intelligenz.[7] Die Neugier, diese besondere suchende Qualität der Intelligenz, fordert einiges, nämlich:

- **Offenheit und Ehrlichkeit sich selbst gegenüber.** Neugierig zu sein bedeutet, sich einzugestehen, dass man etwas nicht weiß. Eine Meinung über etwas zu haben oder etwas zu wissen, ist nicht dasselbe.

- **Waches, aufmerksames Suchen.** Einer kreisenden Radarantenne gleich, ruhig, aber unermüdlich die Aufmerksamkeit auf das Umfeld richten und nach Interessantem absuchen.

- **Offene Sinne.** Etwas nicht nur intellektuell, sondern auch mit den Sinnen und gefühlsmäßig wahrnehmen und erfahren.

- **Offenheit für Neues.** Auch offen sein für Fremdes, Unangenehmes und Unerwartetes. Staunen können. Willens sein, es zu ergründen.

- **Respekt vor Andersartigem.** Andere und Anderes anerkennen und respektieren.

- **Offenheit für Altbekanntes.** Das längst Vertraute immer wieder neu betrachten, als wäre es das erste Mal.

- **Experimentierlust.** Mit Entdeckungen, alten und neuen Situationen spielerisch und experimentierfreudig umgehen.

Exploratives Lernen beginnt mit Neugier

Dies alles fordert die Neugier. Sie belohnt aber auch. Denn Neugier erhöht die Qualität der Erfahrungen. Man sieht mehr und erlebt mehr. Dank der Neugier kann ein langweiliges Kapitel, können ganze Wissensgebiete plötzlich interessant werden. Man macht Entdeckungen und erlebt Überraschungen. Dies motiviert, gibt Energie und treibt an.

Neugier kann auch helfen, Frustrierendes oder ein Problem mit anderen Augen zu sehen. Um dies zu illustrieren, erzähle ich Ihnen eine kleine Geschichte aus dem Alltag:

> **Sie haben die Wahl.** Eva, Martin und Barbara gehen an einem schwülen Nachmittag joggen. Kaum sind sie auf dem offenen Feld, sehen sie, wie sich am Himmel ein Gewitter zusammenbraut. Man hört den Donner grollen, und schon bald fallen die ersten großen Regentropfen. Die drei reagieren verschieden auf die Situation: Eva unterbricht ihren Lauf und sucht Schutz unter dem Blätterdach einer gewaltigen Linde. Martin ärgert sich, kehrt frustriert um und macht sich auf den Heimweg. Barbara hat sich beim Herannahen des Regens Gedanken über die Situation gemacht. Sie will ausprobieren, was für ein Gefühl es ist, im Gewitterregen zu joggen. Sie spürt die ersten Tropfen; sie fühlen sich angenehm kühl an auf der erhitzten Haut. Gleichzeitig riecht sie den nass werdenden Straßenbelag. Der Regen wird stärker, es ist schon fast wie unter der Dusche. Die Haare werden nass. Barbara lacht vor sich hin, sie fühlt sich gut. Nach einer Viertelstunde ist der Schauer fast vorbei. Das Sträßchen und die Äcker dampfen noch, und Barbara riecht das Getreidefeld, an dem sie entlangläuft. Sie fühlt sich großartig und ist um ein kleines Abenteuer reicher.

Und Neugier nur beflügelt jeden Schritt.
GOETHE, »FAUST«

Drei Menschen – drei verschiedene Reaktionen. Beim Herannahen des Gewitters hat sich Barbara neugierig auf eine neue Sichtweise der Situation eingelassen. Sie hat ausprobiert, wie es ist, im Regen zu joggen. Eva und Martin hingegen sind dem Regen – auf je andere Art – ausgewichen. Sie haben ihre Perspektive verengt, etwas, was wir oft bei Angst, Frustration oder Unlust tun. Dadurch verschließen wir uns jedoch neuen Erfahrungen, wir verharren in der jeweiligen Situation und finden so auch keine neuen – geschweige denn überraschenden – Lösungen. Wenn es in solchen Situationen gelingt, Ärger und Frustration in Neugier und erwartungsvolle Entdeckungsfreude umzuwandeln, gewinnt man viel. Die Welt steht offen. Wir haben es selbst in der Hand, wie wir eine Situation beurteilen und was wir daraus machen wollen. Unsere innere Einstellung bestimmt nicht nur die Qualität des Augenblicks, sie prägt uns auch und kann sich zu einem Charakterzug entwickeln.

Gibt es in Ihrem Lernleben Situationen, die Sie frustrieren, so wie das Gewitter Martin frustrierte? Überlegen Sie sich, wie Sie diese mit Neugier angehen und ihnen damit eine ganz andere Wendung geben könnten.

Kultivieren Sie Ihre Neugier

Neugier ist nicht nur die Triebfeder für Exploratives Lernen, sondern auch die Voraussetzung für Kreativität und geistige Flexibilität. Die Neugier wirkt als universelle Kraft, die einem das Tor zur Selbsterkenntnis und zum Verständnis der Welt öffnet. Wenn Sie mehr über sich und die Welt wissen wollen, lohnt es sich, diese Eigenschaft zu kultivieren.

Exploratives Lernen beginnt mit Neugier

Dazu müssen Sie sich selbst erlauben, neugierig zu sein. Vielleicht wurde Ihr Wissensdrang irgendwann unterbunden und der Zugang zur Neugier durch zu viel sinnloses Faktenwissen verstopft. Schaufeln Sie den Zugang wieder frei und pflegen Sie ab heute Ihre Neugier!

Um die Neugier zu wecken und wach zu halten, braucht es zu Beginn tägliche Übung. Tun Sie, was viele kreative Menschen tun: Führen Sie ein Tagebuch. Achten Sie während des Tages auf Ihre Neugier, auf Dinge, die Ihr Interesse wecken, auf Erstaunliches, auf gute Ideen, auf Entdeckungen. Halten Sie sie sogleich fest und nehmen Sie sich abends Zeit zum Weiterschreiben und Reflektieren.

Fangen Sie an – auch wenn Sie nicht am geistigen Arbeiten sind –, sich häufiger Fragen zu stellen: warum? wie? was? wer? wie viel? wo? was wäre, wenn ...? was bedeutet ...? Gehen Sie Fragen, die auftauchen, sogleich nach, bis Sie eine befriedigende Antwort gefunden haben. Leisten Sie sich Wörterbücher und einen guten Atlas, verschaffen Sie sich Zugang zu einer großen Enzyklopädie. Blättern Sie ab und zu darin, Sie werden immer interessante Entdeckungen machen.

Trainieren Sie auch Ihre Sinne. Gewöhnen Sie sich an, Ihre Aufmerksamkeit immer wieder ganz auf das Hören, das Schmecken, das Riechen, das Sehen oder das Spüren zu richten. Helen Keller (1880–1968), die selbst blind und taub war, schreibt dazu Folgendes:[8]

> Ich, die ich blind bin, kann denen, die vom Geschenk des Sehens vollen Gebrauch machen wollen, einen Hinweis, ja eine Ermahnung geben: gebrauchen sie ihre Augen, wie wenn sie morgen erblinden würden, und wenden sie dies auch auf die andern Sinne an.

Nicht der hat am meisten gelebt, der die meisten Jahre zählt, sondern der, der das Leben am meisten empfunden hat.
JEAN-JACQUES ROUSSEAU

Auf ins Abenteuer

Hören sie die Musik der Stimmen, den Gesang der Vögel, die gewaltigen Klänge eines Orchesters, als ob sie morgen taub würden. Berühren sie jedes Objekt, das sie berühren wollen, als ob morgen ihr Tastsinn verloren ginge. Riechen sie das Parfüm der Blumen und genießen sie den Geschmack jedes Krümels, als ob sie nie mehr riechen und nie mehr schmecken könnten.

 Was hat dieses Kapitel über die Neugier bei Ihnen bewirkt? Möchten Sie Ihre Neugier kultivieren? Wenn ja, notieren Sie sich Ihre Vorsätze. Und packen Sie es gleich an!

Beobachten und Reflektieren

Gegen Ende des letzten Jahrhunderts kamen drei neue Berufsfelder auf, die sehr viel mit Beobachtung und Reflexion zu tun haben: die Echtheitsprüfung von Kunstwerken, die Detektivarbeit und die Psychoanalyse.⁹

Um 1870 entwickelte Giovanni Morelli eine Methode, Kunstwerke von Fälschungen zu unterscheiden. Neu daran war, dass nicht der Gesamteindruck beurteilt wurde, sondern unwichtig scheinende Details wie zum Beispiel Ohrläppchen und Fingernägel in Porträts. In diesen Details sah man den Unterschied zwischen dem Meisterwerk und der Kopie. Denn die Fälscher kümmerten sich wenig um die exakte Ausarbeitung bis ins Kleinste. Morelli beeinflusste Sir Arthur Conan Doyle, dessen Figur Sherlock Holmes sich ebenfalls durch die Fähigkeit auszeichnet, unauffällige Einzelheiten zu registrieren und daraus Schlüsse zu ziehen. Später entwickelte auch Sigmund Freud diese Methode des Suchens nach kleinen, aber signifikanten Details in der Psychoanalyse.

Wenn Sie sich selbst und die Prozesse des Lernens beobachten wollen, müssen Sie Ihren Blick für kleine Details ebenfalls schärfen wie damals Morelli und Sherlock Holmes. Das gelingt nur durch Übung, Geduld und nochmals Übung. Beobachten und Reflektieren ist nur bedingt vermittelbar – man muss es selber tun. Ich werde Sie in diesem Kapitel dazu anregen und in den folgenden immer wieder darauf hinweisen. Dann liegt der Ball bei Ihnen.

Als Einstieg in dieses Kapitel befassen wir uns zunächst mit dem Selbstwertgefühl. Sie werden beim Lesen merken, dass Sie immer wieder abschweifen und über Ihr eigenes Selbstwertgefühl nachdenken – sich selbst beobachten. Was es beim Lernen sonst noch zu beobachten gibt und auf was man dabei achten muss, erfahren Sie gleich anschließend. Den Schluss bildet die Reflexion, das Nachdenken und Analysieren aus der Retrospektive. Sie werden erfahren, warum die Reflexion für den persönlichen Fortschritt so bedeutend ist – und wie Sie sie angehen können.

Achten Sie auf Ihr Selbstwertgefühl

Harvard University, Department of Psychology. Ein Vortrag über *self-esteem* ist angesagt. Der Referent ist jung, vielleicht 27 Jahre alt. Er beginnt seinen Vortrag wie folgt:[10]

> Ich bin ein privilegierter Mensch. Ich stamme aus einer Familie ohne Geldsorgen, verbrachte zusammen mit meinen Geschwistern eine glückliche Jugend, und

auch heute haben wir eine gute Beziehung untereinander. Ich habe treue Freunde, bin schon früh in der Welt herumgekommen, und selbst das Studium an der Harvard University ist mir nicht schwer gefallen. Der Grund, weshalb ich mich vor zwei Jahren mit dem Selbstwertgefühl auseinander zu setzen begann, war – so paradox es scheinen mag – mein geringes Selbstwertgefühl. [Und er fügte schmunzelnd bei:] Aber ich werde langsam besser!

Diese Einführung traf ins Schwarze. Im Seminarraum war es mucksmäuschenstill, und alle hörten gespannt den weiteren Ausführungen zu. Mit seiner Offenheit hatte der Vortragende die Zuhörerinnen und Zuhörer für sich eingenommen.
Denn wer kennt die Ängste und Unsicherheiten nicht, die das Leben während der Pubertät erschwert haben und die bis ins Erwachsenenleben hinein nachwirken. Es scheint, dass sich jeder und jede – wie begabt und privilegiert auch immer – das Selbstwertgefühl beim Übertritt ins Erwachsenenleben neu erarbeiten muss.

Was ist Selbstwertgefühl?

Nach dem amerikanischen *self-esteem*-Forscher Nathaniel Branden setzt sich das **Selbstwertgefühl** aus dem **Selbstvertrauen** und der **Selbstachtung** zusammen.[11] Mit dem Selbstvertrauen ist die Zuversicht und das Vertrauen ins eigene Denken und Können gemeint. Die Selbstachtung bezieht sich auf den Respekt vor sich selbst.
Wir kennen die angenehme Wirkung eines lobenden Wortes

Beobachten und Reflektieren

aus dem Mund einer Autoritätsperson. Und auch Komplimente von einer Person, die wir besonders mögen, geben uns ein gutes Gefühl. Doch was gibt es noch, das unser Selbstwertgefühl hebt?

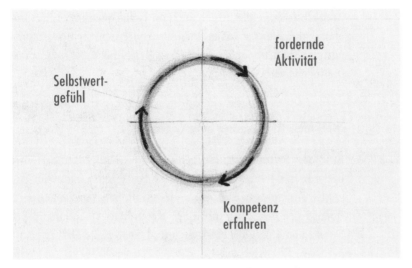

Sich fordern erhöht das Selbstwertgefühl

Ähnlich wie bei der intrinsischen (= von innen heraus) und extrinsischen (= von außen beeinflussten) Motivation kann von einer abhängigen und einer unabhängigen Komponente des Selbstwertgefühls gesprochen werden. Das abhängige Selbstwertgefühl steigt durch Äußerlichkeiten sowie Lob und Anerkennung von andern, während das unabhängige Selbstwertgefühl durch eigene Aktivitäten beeinflusst werden kann.

Es scheint, dass Tätigkeiten, die einen fordern, das Selbstwertgefühl erhöhen können. Mit höherem Selbstwertgefühl sind wir motivierter, etwas noch Anspruchsvolleres anzupacken.

Sobald du dir vertraust, sobald weißt du zu leben.
GOETHE, »FAUST«

Wir erfahren dabei die eigene Kompetenz, und dies steigert unser Selbstwertgefühl (siehe Abbildung auf Seite 29).

Ich habe diesen Mechanismus zum ersten Mal bewusst wahrgenommen, als ich mit 28 Jahren zu joggen begann. Nach einigen Monaten fühlte ich mich nicht nur körperlich fitter, sondern ich realisierte, dass ich auch im Kollegenkreis (ich war die einzige Frau unter vielen Männern) viel sicherer und stärker auftrat. Mein unabhängiges Selbstwertgefühl hatte sich durch das Joggen verbessert.

Merkmale für ein gutes Selbstwertgefühl

Ein gutes Selbstwertgefühl geht nach Nathaniel Branden einher mit der Fähigkeit, Situationen realistisch einzuschätzen, Fehler eingestehen und mit anderen kooperieren zu können. Ebenso gehören dazu Intuition, Kreativität, Unabhängigkeit, Selbstverantwortung, Flexibilität und Großzügigkeit.

Realitätssinn. Situationen werden so eingeschätzt, wie sie sind (und nicht wie man sie gerne hätte). Menschen mit gutem Selbstwertgefühl schätzen auch sich selbst in der Regel realistisch ein. Es macht ihnen keine Mühe, Fehler einzugestehen. Personen mit tiefem Selbstwertgefühl hingegen tendieren eher dazu, sich selbst entweder zu unterschätzen oder zu überschätzen. Sie betrachten Fehler als persönliche Niederlage statt als Chance, zu lernen.

Intuition, Kreativität und Unabhängigkeit. Wer Vertrauen in sich selbst hat, hört auch eher auf innere Signale. Dies ist beim intuitiven Beurteilen von komplexen Situationen eine Notwendigkeit. Auch für das Kreativsein, das Schaffen von

Neuem, braucht es einen Geist, der sich selbst etwas zutraut und unabhängig ist vom Urteil anderer. Menschen mit hohem Selbstwertgefühl nehmen ihre eigenen Ideen ernst, schreiben sie auf und verfolgen sie weiter.

Selbstverantwortung. Sich voll und ganz verantwortlich zu fühlen für das eigene Leben, für das Erreichen von Zielen, für gute und schlechte Gefühle, ist ein Zeichen gesunden Selbstwertgefühls.

Flexibilität. Menschen mit gutem Selbstwertgefühl blicken mit mehr Vertrauen dem Neuen und Unbekannten entgegen und sind offen dafür. Sie klammern sich nicht ans Vergangene.

Großzügigkeit und Kooperationsfähigkeit. Im Umgang mit andern scheint sich ein gutes Selbstwertgefühl in großzügigerem Verhalten und Kooperationsfähigkeit zu zeigen. In einem Team oder in einer Beziehung mit allzu großen Unterschieden im Selbstwertgefühl können sich Schwierigkeiten ergeben. Denn Menschen mit geringem Selbstwertgefühl neigen dazu, neidisch und missgünstig auf ihre glücklicheren Zeitgenossinnen und -genossen zu reagieren.

Wie kann das Selbstwertgefühl gestärkt werden?

Für unsere persönliche Entwicklung spielt vor allem das unabhängige Selbstwertgefühl eine bedeutende Rolle. Wie können wir dieses verbessern? Ganz einfach: indem wir etwas tun! Indem wir in kleinen Schritten, aber mit viel Beharrlichkeit unser Können ständig verbessern und uns durch Rückschritte nicht entmutigen lassen.

Auf ins Abenteuer

Ich hatte in den letzten Jahren regen Kontakt zu einer Berufsgruppe, in der, so scheint mir, ein gesundes Selbstwertgefühl häufig zu beobachten ist. Es sind die Unternehmerinnen und Unternehmer. Für diese Frauen und Männer, die sich einer großen Herausforderung gestellt haben und erfolgreich etwas Eigenes aufgebaut haben, treffen die Merkmale eines guten Selbstwertgefühls oft in besonderem Maße zu. Es lässt sich wohl kaum erfolgreich eine Firma gründen ohne realistische Beurteilung der Situation und ohne Vertrauen ins eigene Können, ohne eine kräftige Prise Intuition und Spürsinn für den Markt und ohne den Drang nach Unabhängigkeit.

Doch nicht jeder kann oder will eine Firma gründen. Den unternehmerischen und unternehmungslustigen Geist sollten Sie trotzdem pflegen. Für die Verbesserung des unabhängigen Selbstwertgefühls ist dies unabdingbar. Tal, der Harvard-Absolvent, hat in seinem Vortrag auf einige Punkte hingewiesen, die mir auch für das Explorative Lernen von zentraler Bedeutung scheinen:

> *Wir verbringen einen großen Teil des Lebens damit, die Achtung anderer zu erwerben. Aber Selbstachtung zu gewinnen, darauf verwenden wir wenig Zeit.*
> **JOSEF VON STERNBERG**

Unabhängiges Selbstwertgefühl erhöhen:

a   Sklave der Leidenschaften werden
b   keine Selbstverurteilung betreiben
c   sich ehrlich ausdrücken
d   hindurchgehen statt ausweichen

a   Tal forderte seine Zuhörerinnen und Zuhörer mit einem Schmunzeln auf, Sklave oder Sklavin der Leidenschaften zu werden. Doch ihm war es ernst damit. Denn wenn man etwas mit Leidenschaft tut, wirkt es sich nicht nur auf das Selbstwertgefühl aus, sondern zieht noch weitere Kreise. Hören wir, was ein Physiker aus seiner Gymnasialzeit erzählt:[12]

Beobachten und Reflektieren

> Mein Bruder verspürte eines Tages den Drang, Geige zu lernen. Er bekam eine Violine und ging zum Unterricht, aber nicht lange. Ihn haben die Rolling Stones schließlich mehr fasziniert, und die hatten nur ein Stück mit Geige. Die Geige lang nun herum, und ich wurde in ihren Bann gezogen. Nachdem ich ungefähr ein Jahr lang autodidaktisch gespielt hatte, ging ich mit etwa 17 Jahren zum Geigenunterricht.
>
> Es hat mir enorm Spaß gemacht. Für eine Weile galt mein ganzes Interesse diesem Instrument. Fast jeden Tag nach der Schule habe ich über ein Jahr lang fünf Stunden gespielt, wie besessen. Dabei habe ich keineswegs nur nach Noten gespielt, sondern auch sehr viel improvisiert. Ich trat unserem Schulorchester bei, das sogar bei einigen öffentlichen und offiziellen Anlässen spielte. Durch diese Aufgabe bekam ich noch mehr Distanz zur Schule und wurde ständig ... besser – erstaunlich, nicht? In diesem Jahr war ich sogar Klassenbester. Das hat mich aus dem Grund sehr gefreut, weil es für mich der Beweis war, dass es auch anders geht als mit Selbstdisziplin und Fleiß, nämlich mit Freude und Begeisterung. Ich hatte etwas begriffen, oder besser, ich hatte es erfahren: Mit Freude und Spaß lernt man zehnmal schneller und besser.

Der Erzähler, dessen Leidenschaft für die Geige auch Freude und Begeisterung für die Schule weckte, ist kein Geringerer als Gerd Binnig, der als 39-Jähriger zusammen mit Heinrich Rohrer und Ernst Ruska den Nobelpreis für Physik erhielt.
Interessant ist, wie sich Binnigs Leidenschaft für die Musik offenbar auf sein Selbstwertgefühl auswirkte und weitere Kreise zog. So schreibt er an anderer Stelle:

> Es war mir nicht wichtig, Autoritäten zu gefallen …
> Die Distanz zu Autoritäten verschaffte mir enorme Freiheit, anders zu denken. Beim Erringen dieser Freiheiten hat mir auch die Musik ungeheuer geholfen.

b Gerd Binnig konnte sich seiner Leidenschaft widmen, da er sein Verhalten nicht ständig verurteilte und wertete. Bei geringem Selbstwertgefühl ist es besonders wichtig, liebevoll mit sich selbst umzugehen und auch das Positive hervorzuheben. Dies macht dann Mut, das Verbesserungswürdige anzugehen.

c

Der Mensch ist nicht Human Being, sondern Human Becoming.
HEINZ VON FOERSTER

Sich ehrlich auszudrücken bedeutet »mehr Sein als Schein« oder, wie es Tal auf Englisch sagte, *»express instead of impress«*. Sich selbst und andern nichts vorzumachen ist nicht nur eine Grundvoraussetzung für ein gutes Selbstwertgefühl, es ist auch für das realistische und illusionsfreie Einschätzen und Beurteilen von Prozessen und Situationen notwendig.

d Hindurchgehen statt ausweichen bedeutet, sich mit Unangenehmem auseinander zu setzen, sich auf Unsicheres oder Unbekanntes einzulassen und Risiken einzugehen. Die Schritte ins Unbekannte dürfen ganz klein sein – sei es beim Erarbeiten von Wissen, beim Lösen von ganz alltäglichen Problemen wie dem Reparieren des Fahrrades oder bei zwischenmenschlichen Krisen – versuchen Sie einfach, immer noch etwas mehr Mut und Durchhaltewillen dazuzugeben. Dies löst Lernprozesse aus, die im Laufe der Zeit zu einem reichen Erfahrungsschatz werden und zu größerer Kompetenz führen. Und dieses Spüren der eigenen Kompetenz stärkt das Selbstwertgefühl.

Beobachten und Reflektieren

Haben Sie auch schon Erfahrungen gemacht mit Verhaltensweisen, die Ihr Selbstwertgefühl positiv beeinflusst haben? Auf welchem Gebiet könnten Sie Schritt für Schritt Ihre Kompetenz verbessern, so dass es sich positiv auf das Selbstwertgefühl auswirkt? Erstellen Sie einen kleinen Aktionsplan und schreiben Sie Ihre Beobachtungen und Erfahrungen auf.

Beobachten und Entdecken

Am Ende unserer 1-tägigen Lernkurse lassen wir die Studierenden jeweils einen Beurteilungsbogen ausfüllen. Meistens stelle ich noch eine Zusatzfrage zu einem Thema, das mich gerade besonders interessiert. Letztes Jahr lautet eine der Fragen: »Haben Sie im Laufe Ihres Lernlebens irgendwelche Entdeckungen gemacht, die Ihnen das Lernen erleichterten?« Zwei Drittel der Studierenden konnten spontan eine oder mehrere Entdeckungen aufschreiben, und es machte Freude, die zufriedenen Gesichter dabei zu beobachten. Entdecken regt an, und ich will Ihnen ein paar Kostproben dieser Umfrage geben:[13]

- Ich habe immer etwas, worauf ich mich nach dem Lernen freuen kann, eine Art Belohnung.
- Ich entscheide mich vor dem Lernbeginn bewusst, zu lernen.
- Ich bin vom Glauben weggekommen, dass ich alles verstehen kann und alles verstehen muss.
- Während der Vorbereitung aufs Vordiplom machte ich jeden Tag ein Mittagsschläfchen.
- Während der Lizenziatsvorbereitung fuhr ich jeweils nach einer Stunde eine Runde Rad. Diese Pausen

waren für das Lernen sehr wichtig. Während des Fahrens konnte ich nochmals überlegen, was mir nicht klar war.
- Wenn ich um 17 Uhr joggen gehe, bin ich nachher frisch für vier bis fünf weitere Lernstunden.
- Ich trage den Stoff laut meinen Zimmerwänden vor.
- Ich schreibe Stichwörter auf Klebezettel und gruppiere sie auf Postern.
- Ich stelle mir alles räumlich vor. Beispiel: In der systematischen Zoologie stehen die einzelnen Familien in einer mir bekannten Landschaft.
- Ich trinke viel und habe immer Wasser auf dem Tisch.
- Ich esse ab und zu etwas Kleines und trinke viel Wasser.

Die Antworten zeigen das breite Spektrum der Faktoren, die für das Lernen eine Rolle spielen: Gefühle und innere Einstellung, persönlicher Rhythmus, Strategien des Lernens und Memorierens sowie Essen und Trinken.

Entdeckungen fallen nicht einfach vom Himmel

Wie ist es zu den verschiedenen Entdeckungen gekommen? Entdeckungen fallen nicht einfach vom Himmel; sie sind vielmehr das Resultat eines vorangegangenen Such- und Beobachtungsprozesses. Viele große Wissenschaftler waren hervorragende Beobachter, unter ihnen auch Louis Pasteur. Sein berühmter Satz »*Dans les champs de l'observation, l'hasard ne favorise que les esprits préparés*«[14] – auf dem Feld des Beobachtens begünstigt der Zufall nur die vorbereiteten Geister – gilt auch für das Lernen: Der Zufall des Entdeckens winkt denen am häufigsten, die sich durch ständiges Suchen, Beobachten und Nachdenken darauf vorbereitet haben.

Vertrauen Sie Ihren Beobachtungen

Die Entdeckungen der Studentinnen und Studenten zeigen, wie individuell das Lernen angegangen wird. Nicht jedem hilft ein Mittagsschläfchen oder eine Runde auf dem Fahrrad, nicht jeder liegt es, den Zimmerwänden das Gelernte zu erzählen oder sich die Tiersystematik in einer Landschaft vorzustellen. Gerade die großen Unterschiede und persönlichen Vorlieben machen die Selbstbeobachtung so wichtig, um den eigenen Stil zu finden. Denn nur Sie selbst können in sich hineinsehen und Ihre Gedanken und Gefühle wahrnehmen. Sie werden dabei ab und zu Dinge erfahren, die nicht mit der gängigen Auffassung übereinstimmen. Vertrauen Sie Ihren Beobachtungen und bilden Sie sich Ihre persönlichen, maßgeschneiderten Theorien über Ihr Denken und Lernen.

Lernen ist so eigen wie ein Gesicht.
HEINZ VON FOERSTER

Als ich mich vor 25 Jahren für das Lernen des Lernens zu interessieren begann, herrschte die Meinung vor, dass das Lernen den 20-Jährigen noch leicht fällt und sich die Aufnahmefähigkeit dann, mit zunehmendem Alter, kontinuierlich verschlechtert. Meine eigenen Beobachtungen stimmten nicht mit dieser Sichtweise überein. Zum einen machte ich schon damals die Erfahrung, dass die Lernfähigkeit ähnlich wie ein Muskel trainierbar ist. Ich spürte zum Beispiel, wie mir das Memorieren in Phasen intensiven Lernens zunehmend leichter fiel. Zum andern beobachtete ich geistig sehr aktive Menschen und merkte, dass sich Parallelen zur körperlichen Aktivität ziehen lassen: So, wie ein 50-Jähriger, sportlich sehr aktiver Mensch körperlich in besserer Form sein kann als ein 20-Jähriger, der keinen Sport treibt, kann auch ein 50-Jähriger Mensch, der seinen Geist schon immer stark gefordert hat, besser lernen als ein 20-Jähriger. Möglicherweise fällt dem 50-Jährigen das reine Memorieren nicht mehr so leicht – es sei denn, er sei in mnemotechnischen Methoden geübt. Bestimmt aber kann der Viel-Lerner oft manches besser verstehen, verknüpfen und in einen größeren Zusammenhang bringen.

Die Beobachtungen auf den Punkt gebracht: Lernfähigkeit und Gedächtnis sind praktisch unbeschränkt, wenn man richtig und regelmäßig trainiert.

Was beobachten?

Sie haben sich wahrscheinlich beim Lesen des Abschnittes über das Selbstwertgefühl auch über sich selbst, Ihr Selbstvertrauen und Ihre Selbstachtung Gedanken gemacht. Möglicherweise achten Sie auch beim Lesen des kommenden Teils 2 über Konzentration häufiger darauf, wie Sie Ihre Aufmerksamkeit bündeln. Genauso werden wir während den weiteren Teilen und Kapiteln immer wieder abschweifen und überlegen, wie Sie selbst etwas beurteilen oder tun. Ich werde Sie zudem ab und zu auffordern, irgendetwas zu beobachten. Denn beim Explorativen Lernen sind Sie Ihr eigenes Forschungsobjekt! Sie schauen sich selbst beim Lernen zu: wie Sie sich konzentrieren, wie Sie die Zeit einteilen, was für Strategien Sie anwenden und wie Sie sich dabei fühlen. Im Teil 3 »Den Lernprozess angehen« werden Sie zudem lernen, auch Prozesse zu beobachten und zu analysieren.

Der Beobachtung folgt die Reflexion, das Experimentieren und Steuern. Sie werden sehen, wie sich Ihre Vorgehensweisen bewähren. Und Sie werden ab und zu steuernd in den Lernprozess eingreifen müssen.
Beobachten ist eine Kunst, die Übung erfordert, und dies gilt noch stärker für die Selbstbeobachtung. Denn bei der Introspektion – so nennt man das Beobachten der eigenen mentalen und emotionalen Prozesse – sind Sie gleichzeitig Spieler und Zuschauer, Spielerin und Zuschauerin.
Es gibt beim Beobachten noch weitere Ebenen und Schwierigkeitsstufen. Nehmen wir an, Sie lesen eine Biografie über Marie Curie. Sie fühlen mit der jungen Studentin, die in ihrem kalten Dachzimmer in Paris hungert, und Sie sind neugierig, wie sie sich zur berühmten Forscherin entwickelt. Ihre Aufmerksamkeit gilt ganz dem Inhalt selbst; Sie sind *in* der Geschichte drin und leben sie mit. Sie können nun ab und zu Ihre Aufmerksamkeit von der Inhaltsebene weg auf höhere Ebenen der Beobachtung richten: Sie haben die Wahl, zum Beispiel Ihre Lesestrategie, die Zunahme Ihres Wissens über Marie Curie oder das Kommen und Gehen Ihrer Gedanken zu beobachten. Diese Ebene der Beobachtung und des Denkens *über* das Denken, des Wissens *über* das Wissen, nennt man metakognitive Ebene. (Siehe Abschnitt »Geistige Flexibilität«.)
Zu den Denk- und Lernprozessen gehören auch Emotionen, Sinneswahrnehmungen und unsere körperlichen Empfindungen. Und auch hier gibt es verschiedene Wahrnehmungs- und Beobachtungsstufen. So können Sie zum Beispiel auf Ihre Gefühle während des Lernens achten. Sie können auch einer Person, die vorliest, zuhören und sich dabei auf die Stimme und den Klang oder gar auf die Wahrnehmung des Hörens selbst, auf das Hören des Hörens, konzentrieren.

Voraussetzungen für das Beobachten

Sie wissen es bereits: Beobachten will geübt sein. Vom Greenhorn zum Fährtenleser ist es ein langer Weg, und alles, auch das größte Werk, beginnt mit dem ersten Schritt. Sie selbst haben die ersten paar Schritte längst getan; Sie werden in diesem Buch immer und immer wieder auf Dinge stoßen, die Sie auch schon beobachtet haben. Nun geht es aber darum, das Beobachten zu intensivieren und gleichzeitig zu verfeinern.
Beobachten setzt Interesse und Neugier voraus. Dies wiederum bedeutet **Offenheit** dem Andersartigen und Unerwarteten gegenüber. Auch wenn sich vielleicht ganz leise etwas Neid der Klassenbesten gegenüber regt: Wenn Sie sie trotzdem mit offenen Augen und Sinnen beobachten, werden Sie merken, was sie besonders gut kann und warum. Vielleicht stoßen Sie so auf Vorgehensweisen, die auch Ihnen etwas nützen könnten.

Ein weiterer Punkt ist die **Ehrlichkeit** sich selbst gegenüber. Sie ist – wie bei der Neugier und beim Selbstwertgefühl – auch eine Voraussetzung für das Beobachten.
Ehrlichkeit bedeutet in diesem Fall, dass man sich selbst nichts vormacht und die Dinge frei von Wunschvorstellungen betrachtet. Wenn Sie sich selbst beim Lernen beobachten, finden Sie viele Schwachpunkte. Diese reichen vom Aufschieben über Unlust oder Unkonzentriertheit bis zu Prüfungsangst. Manchmal werden Sie sich auch bewusst, dass Sie anderen oder irgendwelchen Umständen die Schuld für etwas geben, wofür Sie eigentlich selbst verantwortlich sind. Alle diese Erkenntnisse sind nicht sehr angenehm, aber sie sind nötig. Denn nur so können Sie daran arbeiten. Machen Sie sich bewusst, dass Sie nicht perfekt sein müssen. Sie sollen sich selbst etwas verzeihen

können und überhaupt etwas liebevoller und nachsichtiger mit sich umgehen.

Als letzter Punkt verlangt der Gegenstand des Interesses auch Ihre **ungeteilte, fokussierte Aufmerksamkeit.** Sie können sich nur schlecht gleichzeitig auf den Inhalt eines Textes konzentrieren, das Kommen und Gehen Ihrer Gedanken beobachten, auf die Sitzhaltung achten, Ihre Stimmung wahrnehmen und dazu noch realisieren, dass Sie Durst haben und Wasser trinken möchten. Was Sie allerdings können, ist, sehr schnell von einem Gegenstand zum anderen oder von einer Beobachtungsebene zur nächsten zu wechseln.

Oft steht ein bestimmter Beobachtungsgegenstand im Zentrum unserer Aufmerksamkeit, aber wenn an der Peripherie etwas auftaucht, können wir kurz unsere Aufmerksamkeit darauf richten. Wenn ich zum Beispiel mit dem Fahrrad auf einer stark befahrenen Route unterwegs bin, richtet sich meine ganze Aufmerksamkeit auf den Verkehr und die Straße. Ich merke aber auch, wo ich mich befinde, und kann ab und zu sogar einen Blick in ein Schaufenster werfen, das mich besonders interessiert.

Offenheit, Ehrlichkeit mit sich selbst und fokussierte Aufmerksamkeit bilden die Voraussetzungen fürs Beobachten. Wie Sie gleich sehen werden, stellt auch das Beobachten selbst gewisse Anforderungen an den Beobachter oder die Beobachterin. Ganz wesentlich ist vor allem, dass das Gesehene nicht auch gleich gewertet und interpretiert wird. Interpretation und Analyse werden erst im Nachhinein – bei der Reflexion – vorgenommen.

Wenn ich so viele Dinge erreicht habe, so liegt das daran, dass ich immer nur eine Sache zur gleichen Zeit wollte.
WILLIAM PITT

Auf ins Abenteuer

Wie beobachten?

Während der Sommerferien herrscht im altehrwürdigen Hauptgebäude unserer Hochschule eine ganz besondere Stimmung. Die Hallen wirken verlassen, es ist kühl und still. Doch bald bemerkt man, dass die Tische in den Gängen und Lichthöfen besetzt sind von Studentinnen und Studenten, die vertieft ihre Prüfungen vorbereiten. Die Stimmung ist ruhig und konzentriert. Beim Verlassen des Gebäudes trifft man scheinbar auf eine Gegenwelt: das Reich der Skateboarder. Die vielen Treppen und Absätze beim Eingang bilden ein ideales Übungsgelände für die jungen Gleichgewichtskünstler. Doch auch die Skateboarder draußen sind genau so ruhig und konzentriert wie die Studierenden drinnen. Sie trainieren ihre Sprünge und Figuren, üben sie fünfmal, zehnmal, immer wieder, bis zum virtuosen Können. Es ist faszinierend, zu sehen, mit welchem Gleichmut diese Teenager an ihrer Akrobatik feilen. Sie werden nicht ungeduldig, sie schimpfen nicht – sie probieren ganz selbstverständlich immer und immer wieder dasselbe, bis es klappt.

Ahme den Gang der Natur nach. Ihr Geheimnis ist Geduld.
RALPH WALDO EMERSON

Im Gegensatz zum geistigen Arbeiten ist der Übungsprozess beim Skateboarden für alle *sichtbar.* Dies mag wohl der Grund für die Geduld der Jungen sein. Sie sehen, dass alle, selbst ihre großen Vorbilder, üben müssen. Dass es keine Abkürzung zur Virtuosität gibt, sondern nur üben, üben, üben.

Wenn sich das Lernen anderer so beobachten ließe wie das Skateboarden, wären wohl viele geduldiger und nachsichtiger mit sich selbst. Denn sie sähen, dass auch andere einen Übungsprozess durchlaufen müssen, der nicht immer einfach ist und Höhen und Tiefen hat.

Diese geduldige Nachsicht ist für die Selbstbeobachtung äußerst wichtig. Denn das Beobachten soll *ein ganz neutrales, nicht wertendes Registrieren* sein. Die innere Stimme, die bei Problemen sogleich »das solltest du doch wissen« oder »das solltest du doch können« ruft, muss ignoriert werden. Nehmen Sie sich selbst gegenüber dieselbe Haltung ein wie ein Skateboarder, der mit unendlicher Geduld seine Sprünge übt. Betrachten Sie sich selbst als Forschungsobjekt, bei dem Sie nicht nur von außen sichtbare Tätigkeiten und Prozesse, sondern auch innere Zustände und Aktivitäten ganz neutral – und ohne zu werten – wahrnehmen.

Vom Reflektieren zu neuen Erfahrungen

Wenn wir uns nach einem Tag eifrigen Lernens hinsetzen und reflektieren, widerspiegeln wir das ganze Lernen: die Inhalte, die Prozesse, Strategien und Ziele, unsere Einstellung und unsere Gefühle sowie unsere Beobachtungen. Wir gehen in Gedanken nochmals das Gelernte durch, sinnieren über den Lernprozess, überlegen, wie weit wir gekommen sind, was es noch zu tun gibt, und beurteilen die gewählte Strategie. Wir erinnern uns an unsere Beobachtungen, interpretieren, analysieren und ziehen Schlüsse. Manchmal folgt daraus eine Absicht, irgendetwas zu tun oder zu ändern, manchmal ist der Gegenstand der Reflexion auch das Selbst. Selbstreflexion bedeutet, Zwiesprache zu halten mit sich selbst. Wer bin ich? Wie bin ich im Vergleich zu andern? Wie sehen mich andere? Was fühle ich? Wie denke ich? Die Fähigkeit, innere Dialoge mit sich selbst zu führen, vermittelt wichtige Erkenntnisse.
Beim Beobachten geht man gleichsam durch einen großen Garten. Das Gesehene, die Gedanken und Ideen müssen wie

Gemüse geerntet und eingebracht werden. Denn auch die besten Ideen und interessantesten Beobachtungen nützen nichts, wenn sie nicht eingesammelt und verarbeitet, das heißt reflektiert werden. Die Reflexion ist wie die Ernte.

Durch Reflexion, Analyse und Interpretation können Sie Ihre Vorratskammer mit Erkenntnissen und Erfahrungen füllen. Und wenn Sie sie brauchen, lassen sie sich wieder aus dem Regal holen.

Viele Menschen bringen ihre Ernte gar nie ein. Statt sich in Ruhe hinzusetzen und über etwas nachzudenken, ärgern sie sich lieber über ewig gleiche Situationen. Kürzlich zum Beispiel, in der Garderobe des Fitnessklubs, suchte eine Frau ganz aufgeregt ihren Schrank. Als sie ihn endlich gefunden hatte, blickte sie zu mir herüber und meinte entschuldigend, sie werde eben langsam alt und vergesslich. Wir unterhielten uns dann eine Weile und es stellte sich heraus, dass sich diese Dame nie Gedanken gemacht hatte, wie sie das eigentliche Problem des Wiederfindens angehen könnte. Selbst als ich ihr meine beiden Tricks – immer denselben Schrank in derselben Ecke zu benützen und das Schloss mit einem persönlichen Kleber zu kennzeichnen – zeigte, meinte sie, sie würde eben langsam alt und vergesslich.

Es scheint für die Frau einfacher zu sein, ihr Problem auf das Alter abzuschieben, statt es anzugehen. Etwas anzugehen, darüber nachzudenken, Schlüsse zu ziehen und etwas zu ändern ist nicht immer bequem. Es erfordert ein hohes Maß an geistiger Flexibilität, Tatkraft und Selbstverantwortung. Dazu kommt, dass viele Menschen gar nie gelernt haben, etwas aus eigenem Antrieb anzugehen. Erst wenn sie durch eine Situation zum Handeln gezwungen werden, tun sie etwas.

Reflexion schafft die Grundlage für das aktive Angehen oder die Veränderung einer Situation. Wenn Sie handeln und wie-

bitte immer noch minus 1

derum darüber reflektieren, machen Sie neue Erfahrungen und diese lassen Sie die Welt mit neuen Augen sehen. Mehr noch, je reicher Sie an Erfahrungen sind, desto besser finden Sie sich auch in Zukunft in sich ständig verändernden Situationen zurecht. Reflektieren und neue Erfahrungen sammeln erlaubt Ihnen auch, schlechte Gewohnheiten zu Gunsten besserer aufzugeben. Und die neuen Gewohnheiten verändern Sie und Ihren Charakter allmählich und beeinflussen dadurch auch ein Stück weit Ihre Zukunft.

Erfahrung ist der beste Schulmeister – nur das Schulgeld ist hoch.
THOMAS CARLYLE

Nehmen Sie sich deshalb Zeit zum Nachdenken und Reflektieren. Schaffen Sie sich im Tages-, Wochen- und Jahresrhythmus freie Zeitinseln. So, wie Ihnen der breite Rand dieses Buches Raum für eigene Gedanken lassen soll, so sollen Sie sich breite Zeitränder zwischen Ihren verschiedenen Aktivitäten freihalten.

Führen Sie Tagebuch

Es gibt Dinge im Leben, die man tun muss, um zu erfahren, auf welch vielfältige Art und Weise sie sich auswirken. Mir ist es so ergangen mit dem Sport und in der Folge auch mit dem Tagebuchschreiben.
Bis zum Alter von 28 Jahren hatte ich nie regelmäßig Sport getrieben. Doch dann entdeckte ich das Laufen. Ich begann ganz sachte und lief im ersten Jahr nie längere Strecken als fünf Kilometer, dies jedoch mehrmals wöchentlich. Durch das regelmäßige Training wurde ich bald schneller und stärker. Ich weitete das Training aus und wurde zur Langstreckenläuferin.
Ich habe nie einem Klub angehört und war von Anfang an mein eigener Coach. Ich las Bücher und Zeitschriften über das

Auf ins Abenteuer

Kein Tag wird völlig vergeudet sein, an dem man eine aufrichtige, nachdenkliche Seite geschrieben hat. Dieses Tagebuch kann ein Kalender der Gezeiten der Seele sein, und die Wellen mögen auf diesen Seiten wie an einem Strand Perlen und Algen anschwemmen.
HENRY DAVID THOREAU

Laufen und tauschte meine Erfahrungen mit anderen Läuferinnen und Läufern aus. Bald begann ich auch, auf dem Wandkalender einzutragen, wie viele Minuten ich unterwegs gewesen war. Ein erster, damals unerwarteter Effekt trat schon bald ein: Durch das Aufschreiben fiel es mir leichter, mein Ziel von vier Läufen pro Woche einzuhalten. Mein Trainingslog – so nennen Läufer ihr Tagebuch – wurde immer umfangreicher, und der Wandkalender genügte bald nicht mehr. Dank den Tagebucherfahrungen beim Laufen begann ich, auch andere Dinge aufzuschreiben und später Lerntagebücher zu führen.

Tagebücher sind wie Gesprächspartner bei der Reflexion und bei der Auseinandersetzung mit sich selbst. Nehmen wir an, Sie möchten Ihre Konzentration verbessern und notieren zu diesem Zweck jeden Abend Ihre Beobachtungen. Sie werden bald merken, dass Sie nun öfter während des Tages die Aufmerksamkeit auf die Konzentration richten und sich beobachten. Oder Sie sehen oder hören etwas Interessantes über Konzentration und denken, »das muss ich heute Abend aufschreiben«.

Der Dialog mit dem Tagebuch macht nicht nur aufmerksamer. Er hilft auch, Vorsätze, die Sie sich aufgeschrieben haben, besser einzuhalten. Das gibt einem das Gefühl, sich selbst besser in der Hand zu haben.

Mit der Zeit werden Sie auch Entwicklungen feststellen. Sie werden sehen, dass sich Ihre Konzentration schon ein gutes Stück verbessert hat, weil Sie Ihr mehr Aufmerksamkeit geschenkt haben. Vielleicht mögen Sie quantitative Resultate. Dann können Sie sich zum Beispiel diese kleine Skala benützen:

Sehr tief				Durchschnittlich				Sehr hoch	
1	2	3	4	5	6	7	8	9	10

Beobachten und Reflektieren

Am Ende einer Vorlesung tragen Sie zum Beispiel den entsprechenden Wert der Konzentration ein. Auch viele andere Faktoren wie Motivation, Angst, Frustration oder Wachheit lassen sich so registrieren.

Wenn Sie Ihren Umgang mit der Zeit beobachten wollen, notieren Sie sich nicht nur die Lernstunden, sondern Ihren gesamten Zeithaushalt rund um die Uhr.

Haben Sie über einen längeren Zeitraum gewissenhaft Konzentrationsvermögen oder Zeiten beobachtet und aufgezeichnet, werden Sie sehen, dass sich auch Ihr Beobachtungsvermögen selbst schärft. Allmählich werden Sie ganz automatisch und viel öfter als früher Ihre Aufmerksamkeit auf die Konzentration richten und sie bewusst wahrnehmen. Und auch Ihr Tagebuch wird sich verändern. Sie werden andere Beobachtungen notieren oder gar verschiedene Hefte und Agenden führen.

So sammle ich zum Beispiel seit geraumer Zeit aus Zeitungen, Zeitschriften und Büchern Ausschnitte, Aphorismen und Bilder, die mich aus irgendeinem Grund faszinieren. Ich klebe sie alle in ein Heft und schreibe jeweils noch eigene Bemerkungen und das Datum dazu. Dieses Heft ist mittlerweile zu einer Schatztruhe geworden. Es ist äußerst anregend, darin zu blättern, und ich merke dabei, wie sich viele dieser Dinge und Gedanken in mir selbst weiterentwickelt und verändert haben.

Falls Sie noch nie Tagebuch geführt haben: Probieren Sie das Notieren Ihrer Gedanken, Ideen und Beobachtungen unbedingt aus! Auch wenn es bloß ein paar Stichworte mit Datum auf einem Zettel sind: Halten Sie die Übung einen Monat lang durch und achten Sie auf die Wirkung.

47

Den persönlichen Lernstil finden

In diesem Kapitel geht es um Ihre persönliche Standortbestimmung. Sie werden zunächst erfahren, dass derselbe Stoff verschieden tief gelernt werden kann und worin sich diese »Tiefen« unterscheiden. Den Kern dieses Kapitels bilden die verschiedenen Denkstile. Ich werden Ihnen das äußerst nützliche Hirndominanz-Modell nach Ned Herrmann vorstellen und Sie werden danach Ihr persönliches Denkstil-Profil aufzeichnen.

Der persönliche Lernstil hängt nicht nur von Ihren Denkstilen ab: In der Realität des Alltags spielt vor allem Ihr Umsetzungsvermögen eine zentrale Rolle. »Wie managen Sie Ihr Lernen?« ist deshalb die große Frage der Checkliste am Schluss des Kapitels.

Unterschiedliche Tiefen des Lernens und Verstehens

In einer unserer Erhebungen fragten wir Studierende nach einer typischen Situation, in der Lernen Spaß macht.[15] Aus den zweihundert Antworten ist nicht nur ersichtlich, dass Lernen den menschlichen Wissensdrang tief befriedigen kann. Man erkennt auch, dass das Lernen ganz individuell gestaltet wird und dass aus denselben Inhalten nicht nur verschiedenartiges Wissen, sondern auch verschiedenartige Erfahrungen resultieren.

So haben zwei Linguistikstudenten Spaß an ganz unterschiedlichen Dingen:

- Lernen macht mir Spaß, wenn ich genau weiß, was und wie viel ich lernen muss, zum Beispiel für die Prüfung in englischer Linguistik. Die Themen kann ich mir selbst aussuchen und dann mit der Professorin besprechen. Ich kann dann Karteikärtchen mit Zusammenfassungen des Lernstoffes schreiben, damit ich alles kurz vor der Prüfung nochmals repetieren kann. Am meisten Spaß hat bis jetzt das Lernen für eine Akzessprüfung in Literatur gemacht, weil wir zu dritt gelernt haben. Die regelmäßigen Treffen und die Arbeitseinteilung haben das Lernen erleichtert und wir haben tatsächlich Spaß gehabt.

- Spaß macht mir Lernen, wenn ich Zusammenhänge erkennen, wenn ich Lernstoff mit Erfahrungen vernetzen kann. In Linguistik macht es mir beispielsweise Spaß, wenn mir sprachliche Phänomene klar werden und ich sie erklären kann. Ich liebe es, komplexe Begebenheiten in der Literatur analysieren zu können und im Austausch mit Mitstudierenden darüber zu staunen, wie derselbe Text sehr unterschiedlich aufgefasst werden kann.

Während der eine gerne genau weiß, was er zu tun hat und wie er vorgehen muss, liebt es der andere, nach Zusammenhängen zu suchen und Phänomene zu begreifen. Der eine hat Freude am Zusammenfassen auf Karteikärtchen, der andere analysiert gern komplexere Begebenheiten. Beide tauschen sich mit Mitstudierenden aus. Der eine hat dabei Spaß gehabt und sich über die Arbeitsteilung gefreut, während der andere darüber staunt, wie derselbe Text unterschiedlich aufgefasst werden kann.

Wer sich fürchtet zu fragen, schämt sich zu lernen.
SPRICHWORT AUS DÄNEMARK

Die beiden leben ganz offensichtlich in verschiedenen Lern- und Verstehenswelten. Sie gehen dasselbe Lernmaterial nicht nur auf unterschiedliche Art und Weise an, sondern erarbeiten sich auch verschiedenartiges Wissen. Ihre Erfahrungen und Erkenntnisse unterscheiden sich zum Teil grundlegend.

Der Kognitionsforscher Jan Vermunt postuliert drei prinzipiell verschiedene Art und Weisen, wie Lernen angegangen wird:[16]

Faktenorientiertes Lernen *(surface approach)*: Memorieren von unzusammenhängenden Tatsachen, Erarbeiten von Details. Isolierte Analyse von Teilen eines Kurses, unveränderte Wiedergabe von Inhalten.

Erfahrungsorientiertes Lernen *(elaborative approach)*: Der Kursinhalt wird personalisiert und konkretisiert durch Bezugnahme auf eigene Erfahrungen und durch praktische Anwendung außerhalb des Studienkontextes.

Zum tiefen Verständnis hin orientiertes Lernen *(deep approach)*: Das Signifikante im Studienmaterial wird gesucht. Verschiedene Teile werden zu einem Ganzen verbunden, Zusammenhänge zu anderen Inhalten gesucht. Eigene Schlüsse über Inhalt und Autor werden gezogen, das Wissen wird dadurch personalisiert.

Die drei Kategorien bilden Stufen in einer Hierarchie, wie in der Abbildung auf Seite 51 zu sehen ist.

Die höhere Stufe beinhaltet jeweils auch die unteren Stufen; verständnisorientierte Lernerinnen und Lerner können in der Regel auch Bezüge zur Praxis schaffen und sich mit Fakten und isolierten Details beschäftigen. Allerdings empfinden sie Letzteres oft als frustrierend.

Faktenorientierte Lerner lieben – wie der Erste der zitierten Linguistikstudenten – klare Fragestellungen. Weniger fasziniert sind sie von offenen Aufgaben. Das folgende Zitat zeigt dies deutlich auf:

> Spaß machte mir die Vorbereitung auf das erste Vordiplom, Fach Mathematisches Denken. Eigentlich hatte ich schon genug Mathe gelernt und hätte mich auf Geschichte konzentrieren sollen, aber da konnte ich plötzlich nicht mehr mit dem Lösen von Mathematikproblemen aufhören. Der Grund liegt wohl darin, dass ich in Mathe (im Gegensatz zu Geschichte) den Lernerfolg sofort sehe, indem ich ein Problem plötzlich lösen kann. Ich weiß, wann ich etwas beherrsche. Geschichte hingegen besteht vor allem im Lesen und Auswendiglernen des Stoffes, und ich weiß bis zur Prüfung nicht, ob ich das Richtige gelernt habe.

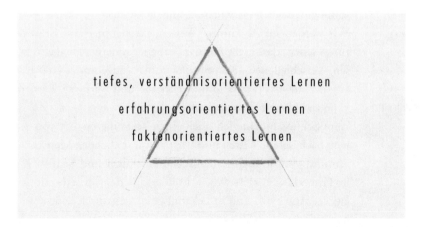

Verschiedene Tiefen des Lernens

Auf ins Abenteuer

Ein verständnisorientierter Lerner beantwortete unsere Frage nach einer typischen Situation, in der Lernen Spaß macht, folgendermaßen:

> Lernen macht vor allem dann Spaß, wenn das neu erworbene Verständnis eines Themenbereiches schon mit zuvor vorhandenem Wissen verknüpft werden kann und einem so die Möglichkeit gegeben wird, neue Ideen zu entwickeln. Kurz und bündig: das Aha-Erlebnis. Lernen macht auch dann Spaß, wenn sich das zu erlernende Wissen in die Praxis umsetzen lässt. Lernen macht am meisten in einer kleinen Gruppe Spaß, in der jeder seinen Teil zum allgemeinen Verständnis beitragen kann und alle durch die Ideen eines anderen einen neuen Einblick in das zu erlernende Themengebiet gewinnen.

Der Geist heftet sich aus Trägheit oder Gewohnheit an das, was ihm leicht zugänglich oder angenehm ist. Diese Angewohnheit setzt unserem Geist Schranken, und keiner machte sich je die Mühe, seinen Geist ganz zu entfalten und ihn so weit zu führen, wie er zu gehen vermöchte.
LA ROCHEFOUCAULD

Es gibt also verschiedene Stufen und Tiefen des Lernens, und somit gibt es auch Entwicklungsmöglichkeiten.
Wir werden im Abschnitt »Wissen, Gedächtnis und Erinnerung« sehen, dass nicht nur das Lernen, sondern auch das Wissen verschiedenen Komplexitätsstufen zugeordnet werden kann. Nur das verständnisorientierte und vertiefte Lernen kann zu höheren Wissensebenen führen.
Zum Schluss möchte ich noch einen Text zitieren, der von einem nach tiefem Wissen und Verständnis strebenden Menschen stammt: vom jüdisch-italienischen Chemiker und Schriftsteller Primo Levi (1919–1987). Er überlebte das Konzentrationslager in Auschwitz und ist bekannt geworden durch seine autobiografischen Erzählungen. Lesen Sie, wie Levi in seinem Buch »Das periodische System« das Destillieren betrachtet:[17]

Destillieren ist schön. Vor allem, weil es ein beschauliches, philosophisches und lautloses Geschäft ist, das einen zwar in Anspruch nimmt, aber einem dennoch Zeit läßt, an anderes zu denken, ähnlich wie das Radfahren. Des weiteren, weil dabei eine Verwandlung vor sich geht: Flüssigkeit zu (unsichtbarem) Dampf und von diesem erneut zu Flüssigkeit; auf diesem doppelten Wege aber, von oben nach unten, entsteht das Reine – ein zweideutiger, faszinierender Zustand, der von der Chemie ausgeht und in weite Ferne führt. Und schließlich wird man sich beim Destillieren bewußt, daß man einen durch Jahrhunderte geheiligten Ritus nachvollzieht, gewissermaßen eine religiöse Handlung, bei der aus unvollkommener Materie das Wesen, der Geist und vor allem der gemüterheiternde, herzerwärmende Alkohol gewonnen wird.

Verschiedene Denkstile

Wir können unseren Mitmenschen beim Denken nicht zusehen. Aber an ihren Verhaltensweisen merken wir, dass sie manchmal ganz anders denken und einer völlig anderen Logik folgen als wir selbst. Warum mögen die einen kleine Details, während andere eher den großen Überblick bevorzugen? Warum entscheiden manche sehr schnell und andere wiederum erst nach langem Abwägen? Warum brauchen viele zum Lernen den persönlichen Austausch mit Kollegen, Kolleginnen und Dozierenden, während einige lieber allein im stillen Kämmerlein arbeiten? Und warum gibt es Menschen, die sowohl das eine als auch das andere tun und dabei ihren Spaß haben?

Die Autoren Richard Riding und Stephen Rainer sehen vor allem drei Elemente, die von Mensch zu Mensch verschieden ausgeprägt sind: die Persönlichkeit, die Intelligenz und – als das »fehlende Stück im Puzzle des Verstehens des eigenen Ichs« – den Denkstil *(cognitive stile).*[18]

Denkstile haben – im Gegensatz zur Intelligenz – weniger mit Begabung und Potenzial zu tun, sondern viel mehr mit der Art und Weise der kognitiven Verarbeitung. Denn Information kann ganz verschieden wahrgenommen, verarbeitet und gespeichert werden.

Wenn man Menschen beim Lernen und Arbeiten beobachtet, fallen zunächst zwei gegensätzliche Denkstile auf, die folgendermaßen umschrieben werden können:

- Individuum **x** hat einen ausgesprochen analytischen Denkstil. Dieser Stil beinhaltet Detailorientierung, sequenzielles (schrittweises) Vorgehen, »bitte eins nach dem anderen«. Liebe für klar definierte Aufgaben und schematisches, organisiertes Tun.

- Individuum **y** denkt ganzheitlich. Dies zeigt sich im Interesse für den Überblick und im Desinteresse für Details, im Berücksichtigen vieler verschiedener Aspekte auf einmal (paralleles Denken), Bevorzugung von offenen Aufgabenstellungen sowie *trial and error-* Methoden.

Das Kontinuum, das gegensätzliche Denkstile wie analytisch-ganzheitlich, verbal-imaginativ oder rational-emotional verbindet, wird als Denkdimension bezeichnet.

Individuum **x** und **y** finden sich an den entgegengesetzten Enden der *analytisch-ganzheitlichen Denkdimension*:

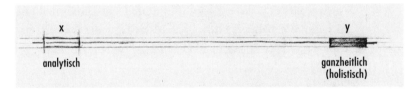

Analytisch-ganzheitliche Denkdimension

Diese Denkdimension zeigt auf, wie das Individuum Informationen organisiert – ob in Teilen oder als Ganzes. Viele Menschen bewegen sich irgendwo im mittleren Bereich zwischen den beiden Extremen und können auch je nach Aufgabenstellung eher analytisch oder ganzheitlich denken oder zwischen den beiden Denkweisen hin- und herwechseln.

Die *verbal-imaginative Denkdimension* reicht von der Repräsentation des Wissens in Form von Worten bis hin zur Vorstellung in Form von Bildern:

Verbal-imaginative Denkdimension

Wir finden hier Menschen, die vor allem in Worten und abstrakten Symbolen denken, andere, die ausgeprägte bildliche Vorstellungen haben, und ebenso »AlleskönnerInnen«, die situationsbezogen sowohl den verbalen als auch den imaginativen Denkstil anwenden können.

Die verschiedenen Denkstile werden oft auch mit der linken und rechten Hirnhemisphäre in Zusammenhang gebracht.

Ich würde eher ohne Hemd und Schuhe gehen ... als auch nur für eine Minute die zwei Hälften meines Kopfes zu verlieren.
RUDYARD KIPLING

Auf ins Abenteuer

Auch wenn sich diese Zuordnung durch Forschungsresultate nicht immer halten lässt, ist das Modell für das Bewusstmachen des Denkstils sehr nützlich:

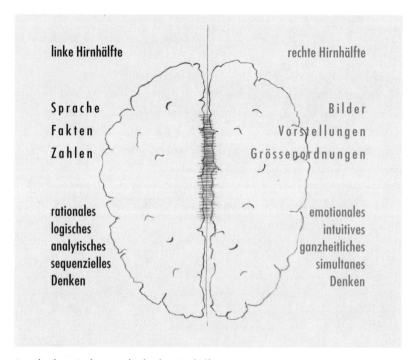

Verschiedene Funktionen der beiden Hirnhälften

Die Denkstile im Hirndominanz-Modell nach Ned Herrmann

Ned Herrmann ist ein vielseitig begabter Mensch: Er ist Physiker, Lehrer, Maler und Sänger mit Erfolgen an der New Yorker Metropolitan Opera. Herrmann hat beobachtet, dass sich die Denkstile, die der einen oder anderen Hirnhälfte zugeordnet werden, in sich selbst nochmals unterscheiden. So spricht er von vier unterschiedlichen Denkstilen, die er Hirndominanzen nennt:[19]

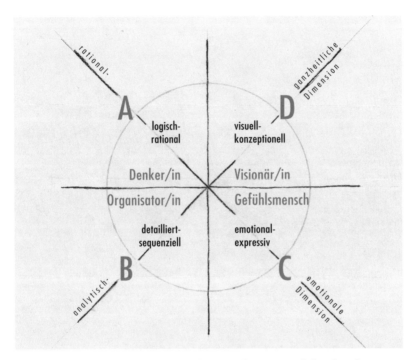

Die vier Denkstile im Hirndominanz-Modell nach Ned Herrmann

Denkstil **B** und **D** können der analytisch-ganzheitlichen Dimension zugeordnet werden. Die Denkstile **A** und **C** kann man sich als Endpunkte auf einer rational-emotionalen Denkdimension vorstellen. Nur bei wenigen Menschen herrscht ein einziger der vier Denk- und Verhaltensstile vor. Nach Herrmann können 60 Prozent der Menschen im Hirndominanz-

Modell zwei Stile und 30 Prozent sogar drei der vier Stile situationsbezogen anwenden. Dies läßt sich als Denkprofil darstellen. Diese Profile können sich von Mensch zu Mensch und je nach Berufsgruppe stark unterscheiden:[20]

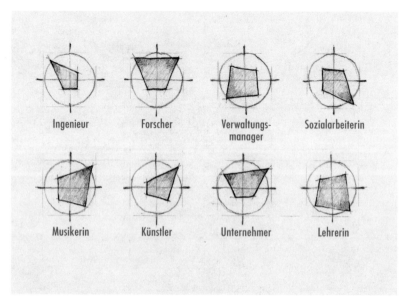

Hirndominanz-Profile verschiedener Berufsgruppen

Je ausgeprägter (dominanter) ein bestimmter Denkstil ist, desto stärker wird er vom Individuum bevorzugt. So hat ein Ingenieur mehr Freude an Aufgaben, die logisch-analytisches Denken verlangen. Tätigkeiten, die viel Fantasie und Gefühl erfordern, meidet er. Der Musiker hingegen liebt Emotionen und Visionen, weicht aber allem aus, was mit Zahlen und logisch-analytischem Denken zu tun hat.

Den persönlichen Lernstil finden

Wie schätzen Sie Ihr Profil ein? Wo sind Ihre Dominanzen? Suchen Sie in der Tabelle Seite 60 den (oder die) Quadranten, die Ihnen am meisten entsprechen, und geben Sie 3 Punkte. Welchen Stil vermeiden Sie am häufigsten? (≤1Punkt) Schätzen Sie auch die Punktzahl für die übriggebliebenen Quadranten.

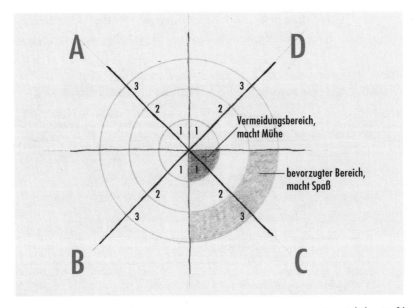

Persönliches Profil

Beim Lernen laufen eine Vielzahl unterschiedlicher Teilprozesse ab, die auch verschiedene Denkstile erfordern. So kommen beim Einstieg in ein Thema, beim Bilden von Metaphern und Analogien oder beim Erinnern die Emotionen (Quadrant **C**) und das visuelle Vorstellungsvermögen (Quadrant **D**) zum Zuge. Für das kritische Beurteilen ist der logisch-rationale Denkstil (Quadrant **A**) gefragt, und für eine systematische

Vorgehensweise (wie zum Beispiel beim Repetieren) braucht es den detailliert-sequenziellen Stil (Quadrant **B**).

Da bei den wenigsten Menschen alle vier Denkstile gleichmäßig ausgeprägt sind, werden nicht alle Teilprozesse gleich gerne ausgeführt. Lernschritte, die den bevorzugten Denkstil erfordern, machen Spaß und sind motivierend. Sie werden in Teil 4, »Inhalte erarbeiten«, erfahren, wie Sie dies beim Einstieg in neue Themen nutzen können. Umgekehrt werden Teilpro-

denkt logisch, abstrakt, analytisch, kritisch	denkt intuitiv, ganzheitlich, synthetisierend
quantifiziert gerne, mag Zahlen ist tatsachenorientiert ist diszipliniert kann gut strukturieren und Sachverhalte erläutern liest gerne	ist neugierig und risikofreudig gutes visuelles Vorstellungsvermögen und Fantasie kann mit offenen, unklaren Situationen umgehen mag simultanen Input kann gut konzipieren (große Würfe) und strategisch denken, experimentiert und erforscht gerne
Antrieb durch Leistung	**Antrieb durch Unabhängigkeit**
erreicht gerne Ziele bevorzugter Lernort: Hörsaal, stilles Kämmerlein sieht Zusammenhänge zu wenig lässt Gefühle außer Acht	zeigt Eigeninitiative bevorzugte Lernorte: Atelier, Spielplatz, Werkstatt, Hängematte, Zug …, braucht Abwechslung ist etwas chaotisch
akademisch-autoritär	**zukunftsorientiert**
denkt sequentiell, detailliert, analytisch, systematisch	**ist emotional**
organisiert und plant gerne sammelt Zahlen und Daten ist pünktlich	ist expressiv und mitteilsam hat offene Sinne und Bewegungsgefühl (kinästhetisch) mag Farben und bildhafte Vorstellungen
Antrieb durch Pflichterfüllung	**Antrieb durch gutes Gefühl**
mag wohl definierte Aufgaben bevorzugter Lernort: Seminarraum oft zu detailorientiert übersieht den Menschen bei der Sache	muss auf Inhalt eingestimmt sein bevorzugter Lernort: Studentencafé, Gruppenraum beim Planen oft unrealistisch übersieht Details
traditionell, sicherheitsbedürftig	**sympathisch-einfühlsam**

Die vier Quadranten im Hirndominanz-Modell

zesse, die in den individuellen Vermeidungsbereich fallen, als unangenehm und mühsam empfunden. Welche Denkstile gemieden werden, merkt man besonders stark, wenn man müde ist oder unter Stress steht. In diesem Zustand lassen sich nicht dominante Denkstile nur noch mit viel Mühe anwenden.
Ich selbst bin zum Beispiel ausgesprochen D-dominant und relativ B-schwach. Dies zeigt sich darin, dass ich Mühe habe, aufzuräumen, etwas zu ordnen oder mich um Details zu kümmern, wenn ich müde bin. Und gänzlich unmöglich ist das Ausfüllen der Steuererklärung! Auch Schreiben empfinde ich dann als erheblich schwieriger. Hingegen fällt mir auch bei Müdigkeit das Konzipieren und Entwickeln von Projekten leicht, es macht immer noch Spaß.

Haben Sie schon ähnliche Erfahrungen gemacht und gespürt, dass Sie bestimmte Tätigkeiten nicht immer gleich gerne verrichten, je nachdem, wie frisch oder müde Sie sich fühlen? Um wirksame Vorgehensweisen entwickeln zu können, benötigen Sie diese Erkenntnisse über Ihre bevorzugten und gemiedenen Aktivitäten. Suchen Sie fünf verschiedene Tätigkeiten, die Sie bei Müdigkeit nicht mehr schaffen.
Nun überlegen Sie sich fünf Aufgaben (oder Teilaufgaben) die Sie auch bewältigen können, wenn Sie müde sind.

Hin zum persönlichen Lernstil

Explorative Lernerinnen und Lerner zeichnen sich dadurch aus, dass sie ihr Lernen selbst steuern. Sie sind nicht nur ihr eigenes Forschungsobjekt, sondern auch ihr eigener Coach und ihre eigene Lehrerin.

Sie sind fähig, weil sie daran glauben, dass sie fähig sind.

VERGIL

Wie Sie diese Rolle wahrnehmen und spielen, entscheidet über Ihren Lernerfolg. Ihre Intelligenz und Ihre Talente liegen brach, wenn Sie sie nicht nutzen. Ihr strategisches Denken nützt nichts, wenn Sie es nicht umsetzen können.

Als Ihr eigener Coach und Ihre eigene Lehrerin wissen Sie, wie Sie sich selbst motivieren können. Sie haben Visionen und Träume und betrachten Ihr Leben auch aus der Perspektive des Lernens und der persönlichen Expertise. Sie machen sich immer wieder Gedanken über Ihre geistige Entwicklung und überlegen sich, welche Bücher Sie lesen, welche Sprachen Sie kennen und in welchen Gebieten Sie Wissen und Erfahrung sammeln möchten.

Als Ihr eigener Chef oder Ihre eigene Chefin haben Sie zudem den Überblick darüber, was zu tun ist. Sie kennen sich selbst und Ihren Rhythmus und können deshalb realistisch planen.

Sie wissen, dass es auch Pausen und Zeiten der Ruhe und des Ausgleichs braucht. Sie haben Hobbys und treiben Sport und pflegen Ihre Beziehungen zu Familie, Freunden, Kolleginnen und Kollegen sowie zu Dozierenden.

Ansatzpunkte für die Optimierung des persönlichen Lernstils

Lernen ist etwas ausgesprochen Individuelles. Die Checkliste auf Seite 63 soll Sie zu einer persönlichen Standortbestimmung im Hinblick auf Ihr Lernmanagement anregen. Wiederholen Sie den Test ein Jahr später – Sie werden Ihre Entwicklung sehen.

Der persönliche Lernstil wird durch verschiedene Elemente geprägt, siehe Abbildung auf Seite 64.

Um den persönlichen Lernstil zu optimieren, müssen Sie sich zunächst Ihrer bevorzugten Denkstile bewusst sein. Ebenso

Den persönlichen Lernstil finden

	nein überhaupt nie / nicht			teils, teils			ja immer / sehr
	1	2	3	4	5	6	7
Ich habe klare Visionen und weiß, was ich in meinem Leben noch alles will							
Ich habe viel Erfahrung im Ziele setzen							
Ich schreibe meine Ziele auf							
Was ich mir vornehme, setze ich in die Tat um							
Ich kann mich selbst motivieren							
Ich kann mich gut konzentrieren							
Wenn es nötig ist, habe ich große Ausdauer							
Bei mir braucht es viel, bis ich frustriert bin							
Bevor ich etwas lerne oder tue, überlege ich mir, wie ich es anpacken will							
Ich kann gut und realistisch planen							
Ich habe den Überblick über das, was zu tun ist							
Ich habe mein Zeitmanagement im Griff							
Ich weiß, zu welcher Tageszeit mein Geist in Form ist							
Ich achte darauf, dass ich auch mal Pause mache							
Ich pflege meine Beziehung zu Familie und Freunden bewusst							
Als Ausgleich habe ich Hobbys und treibe Sport							
Die Zusammenarbeit mit Kolleginnen und Kollegen ist mir wichtig							
Ich achte auf eine gute Beziehung zu Dozierenden / Chefs							
Ich gestalte meinen Arbeitsplatz so, dass ich mich gerne dort aufhalte							

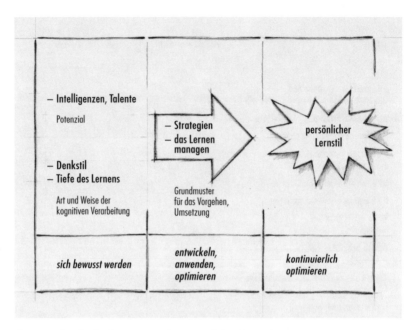

Ansatzpunkte für die Optimierung des persönlichen Lernstils

sollten Sie eine Ahnung haben, was Ihnen mehr liegt und wo Sie mehr oder weniger begabt sind. Der wichtigste Ansatzpunkt für Verbesserungen liegt jedoch bei den Vorgehensstrategien, die Sie wählen, und bei der Art und Weise, wie Sie das Lernen (und somit sich selbst) managen und steuern. In den folgenden Teilen werden Sie mehr darüber erfahren.

Der Lernstil zeigt sich nicht nur beim Lernen, er wirkt sich auch auf Ihr Verhalten in anderen Lebensbereichen aus. Wenn Sie Ihren Lernstil optimieren, werden Sie auch andere Dinge fokussierter und bewusster tun. Damit erhöhen Sie gleichzeitig ein Stück weit Ihre persönliche Lebensqualität.

Dieser erste Teil hat Sie in das Konzept des Explorativen Lernens eingeführt. Sie haben gesehen, dass Neugier die treibende Kraft ist, die die Forscher, die Denkerinnen und Denker antreibt und sie neue Welten entdecken läßt. Vielleicht haben Sie auch selbst gespürt, wie stark die Neugier motiviert und inspiriert.

Neben der Neugier gehören auch Beobachtung und Reflexion zum Explorativen Lernen. Sie wissen, dass Beobachten geübt sein will und dass Sie durch Reflexion eine reiche Ernte an Erfahrungen einbringen können. Sie haben auch eine kleine Standortbestimmung als Lernerin und Lerner gemacht. Sie wissen mittlerweile mehr über Ihr Selbstwertgefühl und über Ihren bevorzugten Denkstil. Sie sind jetzt bereit für die Reise ins Unbekannte. Doch halt – bevor wir starten, schalten wir eine Denkpause ein. Wir nehmen die Öffnung nach außen, die Neugier und Beobachten erfordern, zurück und richten unsere Aufmerksamkeit zunächst nach innen: Wir wollen uns im nächsten Teil mit der Konzentration befassen.

2 KONZENTRATION

Konzentration

Konzentration ist etwas Schönes. Tief über den Lenker des Rennrads gebeugt vom Grimselpass herunter nach Gletsch sausen, immer die Straße im Auge, im richtigen Augenblick etwas stärker bremsen, die Kurve richtig anfahren, weg von der Bremse, neigen, sich eins mit dem Rad und der Straße fühlen, dann wieder laufen lassen und beinahe fliegen. Was gibt es Herrlicheres?

Wenn wir von einer Tätigkeit ganz in Anspruch genommen sind, erfahren wir sie viel intensiver. Denn unsere volle Aufmerksamkeit, alle unsere Sinne und unser ganzer Körper sind darauf eingestellt. Dieses tiefe Erleben empfindet man oft als Glücksgefühl. Je besser man sich konzentrieren kann, desto öfter erlebt man dieses schöne Gefühl, das der Chicagoer Psychologe Mihaly Csikszentmihalyi als *flow* bezeichnet.[1]

Konzentration kann vieles bedeuten: etwas auf den Punkt bringen, fokussieren, bündeln, intensivieren, etwas dichter, stärker oder reiner machen. Konzentrieren können wir uns auch auf große Ziele. Das heißt, daß wir ihnen höchste Priorität einräumen und mit voller Energie darauf hinarbeiten. Beim Meditieren wiederum bedeutet Konzentration Stille, Ruhe, möglichst nichts denken und Gedanken, die auftauchen, wieder wegziehen lassen.

Doch was ist nun Konzentration beim Lernen und geistigen Arbeiten? Was taten Sie in der Primarschule, wenn man Ihnen sagte, Sie sollen sich konzentrieren? Was tun Sie heute, wenn Sie sich vornehmen, sich zu konzentrieren? Bedeutet Konzentration eher Stillhalten oder eher Bewegung? Wir wollen im Folgenden diesen Fragen nachgehen.

Konzentration – Stillhalten oder Bewegung?

Ich erinnere mich noch gut, wie mich Frau Keller, unsere Handarbeitslehrerin, immer zurechtwies, wenn ich beim Stricken zum Fenster hinausschaute. Ihr »Konzentrier dich auf deine Arbeit!« ließ mich meine Augen wieder auf die Nadeln richten und folgsam weitermachen, Masche für Masche. Doch es war qualvoll, denn das Stricken lief bei mir schon weitgehend automatisch ab. Ich liebte die rhythmische Bewegung der Hände und spürte sie am besten, wenn ich nicht hinschaute, sondern meine Augen schweifen ließ. Wenn die Hände ins Stocken gerieten, genügte ein kurzer Blick auf die Nadeln, um wieder im Rhythmus zu sein.

Niemand hat uns damals erklärt, was Konzentration eigentlich bedeutet. Wir wussten, dass man nicht aus dem Fenster schauen und die Fantasie nicht schweifen lassen durfte. Wir sollten den Blick auf unsere Arbeit richten und dabei die Gedanken irgendwie festhalten und fixieren.

Diese Vorstellung von Konzentration ist noch weit verbreitet. In Deutschland (Hessen) ging man sogar so weit, dass man in den Siebzigerjahren fensterlose Schulhäuser baute, um den Kindern »das Lernen durch Ausschalten von Umwelteinflüssen zu erleichtern«[2]. Zum Glück ist man inzwischen von diesem Unsinn wieder abgekommen.

Doch immer noch herrscht die unreflektierte Meinung vor, dass »sich konzentrieren« eher »das Bild festhalten« als »das Bild variieren«[3] bedeutet.

Ist Konzentration etwas Ruhiges oder etwas Bewegtes, etwas Statisches oder etwas Dynamisches, etwas Passives oder etwas Aktives?

Konzentration

Was tut unser Geist, wenn wir uns konzentrieren?

Rufen wir uns verschiedene Situationen in Erinnerung, in denen uns Konzentration und Aufmerksamkeit leicht fallen.
Zum Beispiel beim Kartenspiel mit Freunden. Sie wollen gewinnen und verfolgen den Spielverlauf ganz aufmerksam. Sie merken sich genau, wer welche Karten ins Spiel bringt, und ziehen daraus Ihre Schlüsse. Bei jeder Runde können Sie Ihre Analyse verfeinern und Ihre Taktik neu bestimmen.
Oder in einem Vortrag. Das Gebotene zieht Sie sogleich in seinen Bann. Denn Sie wollten schon lange mehr zum Thema wissen und sind nun erfreut, dass viele Ihrer Vermutungen bestätigt werden und Sie zudem neue Erklärungen und Argumente hören. Sie folgen jedem Wort, halten ab und zu etwas fest und interpretieren und analysieren laufend – Sie sind ziemlich stark beschäftigt.
Es gibt noch viele weitere Situationen, in denen wir ohne Mühe konzentriert und aufmerksam sind. Zum Beispiel beim Musikmachen, Lesen, Korbballspielen, im Kino oder beim Lösen eines Rätsels oder einer kniffligen Mathematikaufgabe.
Was haben diese Situationen hoher Konzentration gemeinsam? Wie unterscheiden sie sich von solchen, in denen wir zerstreut sind und uns nicht gut konzentrieren können?
Die erwähnten Aktivitäten machen uns Spaß. Sie sind uns vertraut und fordern uns gerade im richtigen Maß. Die Tätigkeiten sind weder zu anspruchsvoll noch langweilig. Und wir sind neugierig, ob wir das Rätsel lösen oder das Spiel gewinnen können. Und wir brennen darauf, zu erfahren, wie der Film oder die Geschichte ausgehen.
Dabei ist unsere Aufmerksamkeit ganz auf die bestimmte Aktivität gerichtet. Wir sind von der Musik, vom Lesen, vom

Wenn du geistig arbeitest, bemühe dich, alle geistigen Fähigkeiten auf den betreffenden Gegenstand zu konzentrieren.
LEO TOLSTOI

Korbballspiel oder vom Rätsel so absorbiert, dass wir an nichts anderes denken. Die Zeit vergeht wie im Fluge.

Wir vernehmen zudem Neues, erleben Neues, tun Neues und erfahren dabei uns selbst und unser Können neu: Denn ein Korbballspiel ist nie wie das nächste, beim Musikmachen werden wir immer besser, und das Lösen von Aufgaben ist immer wieder eine neue Herausforderung. Es gibt Überraschungen, Entdeckungen und Aha-Erlebnisse. Diese motivieren zum Weitermachen.

Beim konzentrierten Spiel, beim Musikmachen oder beim Rätsellösen wird im Kopf laufend neue Information verarbeitet, interpretiert, verglichen und gewichtet. Unser Geist ist emsig am Werk und ständig mit dem Gegenstand unserer Aufmerksamkeit im Dialog. Er wird dabei ganz schön gefordert.

In der Regel haben wir bewusst oder unbewusst auch ein Ziel im Auge. Wir möchten ein Spiel gewinnen, Spaß haben, Inspiration und Anregung erhalten, etwas herausfinden, erfahren oder wissen.

Zusammengefasst zeichnen sich Situationen, in denen wir uns mühelos konzentrieren können, durch folgende Merkmale aus:

- positive Einstellung, Neugier
- dem Können angemessene Herausforderung
- volle, ungeteilte Aufmerksamkeit
- anderes Zeitgefühl
- erkunden, erfahren und erleben von Neuem
- Entdeckungen und Aha-Erlebnisse
- aktiver Geist
- anvisiertes Ziel

Welche dieser Faktoren können nun für die Verbesserung der Konzentration genutzt werden?

Ein aufschlussreiches Experiment

Die Harvard-Professorin Ellen Langer beschreibt in ihrem Buch »The Power of Mindful Learning«[4] ein aufschlussreiches Konzentrations-Experiment mit Studierenden:

Den Testpersonen wurden auf einem Bildschirm während jeweils 22 Sekunden farbige Figuren gezeigt. Es galt dabei, beim Verschwinden der Bilder möglichst rasch einen Knopf zu drücken. So meinten die Probanden, es sei eine Untersuchung über ihre Reaktionsgeschwindigkeit.

Viel wichtiger als der Knopfdruck waren für die Fragestellung des Experimentes jedoch die zusätzlichen Instruktionen für die Testpersonen. Sie betrafen die Figuren auf dem Bildschirm:

- Gruppe 1: sich auf die Figur konzentrieren
- Gruppe 2: in Gedanken dem Umriss der Figur nachfahren
- Gruppe 3: bei jeder Figur nach besonderen Merkmalen von Farbe und Form suchen

Das Erinnerungsvermögen an die Figuren und deren Einzelheiten wurde als Maß für den Konzentrationsgrad während des Experimentes genommen. Die Probanden wurden zudem gefragt, als wie anstrengend sie ihre Aufgabe empfunden hatten. Das Ergebnis war sehr interessant: Der Konzentrationsgrad der dritten Gruppe war nämlich deutlich besser als derjenige der beiden anderen. Obwohl die Getesteten der dritten Gruppe am meisten arbeiten mussten (bei jeder Figur besondere Merkmale von Farbe und Figur suchen), war ihre Erinnerung am besten, und sie empfanden ihre Aufgabe zudem als weniger anstrengend und weniger frustrierend als die übrigen Versuchspersonen.

Wie lässt sich dieses Ergebnis interpretieren? Die dritte Gruppe hatte eine Aufgabe bekommen, die a) konkret war und b) gewisse Anforderungen stellte. Es scheint, dass man sich am besten konzentriert und auch am meisten Spaß hat, wenn man einerseits ganz konkrete und andererseits herausfordernde Such- und Erkundungsziele hat.

Die Studierenden der zweiten Gruppe, die lediglich in Gedanken den Umriss der Figuren nachfahren mussten, wurden anscheinend durch die Aufgabenstellung zu wenig gefordert. Ebenso die Versuchspersonen der ersten Gruppe, mit der Aufgabe, »sich auf die Figur konzentrieren«.

Das Ergebnis des Experimentes weist uns die Richtung, die wir einschlagen müssen, wenn wir unsere Konzentration verbessern wollen: Damit der Geist aktiv wird und sich konzentriert, müssen wir ihm ganz konkrete Aufgaben und Ziele vorgeben, die ihn herausfordern.

Angemessene Herausforderung

Die Herausforderung muss allerdings den Fähigkeiten angemessen sein. Einerseits wird bei derselben Aufgabe das Können mit der Zeit zunehmen und sie wird als langweilig empfunden. Andererseits empfinden wir etwas als frustrierend, wenn die Anforderung unser Können übersteigt. Es resultiert eine Dynamik, die sich, wie in der Abbildung auf Seite 74 gezeigt, darstellen lässt. [5]

Nehmen wir an, Sie spielen ein Stück auf der Querflöte. Der Schwierigkeitsgrad ist so hoch, dass Sie wohl gefordert sind, sich aber so sicher fühlen, dass Ihnen das Spielen Spaß macht und Sie sich auch ohne Mühe konzentrieren können (**A**).

Konzentration

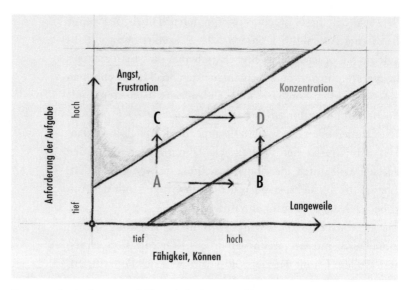

Konzentration im Spannungsfeld von Anforderung und Können

Nun gibt Ihnen der Flötenlehrer weitere Stücke desselben Schwierigkeitsgrades. Sie üben weiter, doch irgendwann verlieren Sie die Lust (Bereich **B**). Sie verlangen anspruchsvollere Stücke. Diese sind ziemlich viel schwieriger, und Sie sind zunächst frustriert (Bereich **C**). Doch Sie lassen nicht locker und üben mit viel Ausdauer. Und irgendwann spielen Sie die Stücke mühelos und haben wieder Spaß daran. Dabei hat sich Ihr Können weiterentwickelt (**D**).

Machen Sie Ihren Geist neugierig und fordern Sie ihn!

Je mehr Sie Ihren Geist fordern, desto leichter fällt die Konzentration. Er liebt Aufgaben und Entdeckungen. Etwas suchen,

Konzentration – Stillhalten oder Bewegung?

erkunden, ausfindig machen, prüfen oder vergleichen wirkt ungemein stimulierend. Die Konzentration kommt von selbst, und ein auf diese Art angeregter Geist ermüdet auch weniger schnell.

Wir wollen nun diese Erkenntnisse mit einem Experiment aus dem Lern- und Arbeitsalltag umsetzen. Dieser Alltag bringt in der Regel nicht viel Neues oder Aufregendes. Es muss hauptsächlich nochmals durchgearbeitet, wiedergekäut und ergänzt werden.

Nehmen wir also an, Sie müssten irgendeinen Fachartikel oder ein Sachbuch wie zum Beispiel »Die Schweiz in Europa« von François Bergier[6] »wiederkäuen«. Sie sind nicht sonderlich motiviert, denn Sie haben in den letzten Jahren viel über das Thema – in diesem Falle Europa – gehört und gelesen; eigentlich genügt es Ihnen. Wenn Sie nun aber das Buch mit dieser Einstellung angehen, werden Sie viel Energie aufwenden müssen, nur um sich zu konzentrieren. Wahrscheinlich werden Sie auch nicht viel Neues finden.

Wie fordern Sie nun den Geist? Bevor Sie sich ein Ziel setzen, nehmen Sie zunächst das Buch zur Hand und verschaffen sich nochmals einen Überblick. Betrachten Sie den Umschlag, lesen Sie Klappentext und Vorwort, gehen Sie durchs Inhaltsverzeichnis und schnuppern Sie etwas im Text. Achten Sie vor allem darauf, wie der Text strukturiert ist, ob es Einführungen und Zusammenfassungen gibt, und wie der Autor die einzelnen Kapitel unterteilt.

So, und nun überlegen Sie sich, was für eine herausfordernde Erkundungsaufgabe Sie Ihrem Geist stellen könnten.

Das Buch hat zweihundert Seiten und ist in zehn Kapitel aufgeteilt. Die einzelnen Kapitel sind jeweils in mehrere große

Konzentration

Abschnitte gegliedert, die wiederum mehrere Absätze enthalten.

Sie haben noch etwa eine Stunde Zeit und möchten Ihren Geist wirklich fordern. Also, dann los!

Geben Sie ihm die Aufgabe, Ihnen in dieser Stunde einen Überblick über jedes der zehn Kapitel zu verschaffen! Sie haben pro Kapitel etwa sechs Minuten Zeit zum Überlegen und um Stichworte zu notieren. In der Regel gibt bei Sachbüchern der erste Satz das Thema des ganzen Absatzes vor. Nutzen Sie dies beim Überfliegen, lesen Sie jeweils Titel und den ersten und vielleicht auch den zweiten Satz und suchen Sie dann nur noch Stichworte. Wenn Sie die Versuchung spüren, mehr als die ersten ein, zwei Sätze zu lesen, ist dies ein gutes Zeichen: Ihr Geist ist neugierig geworden und möchte mehr wissen. Doch halten Sie der Versuchung stand, Sie haben nur sechs Minuten Zeit für ein Kapitel!

Probieren Sie diese »1 Stunde pro Buch«-Übung unbedingt aus! Die Wirkung ist fantastisch. Sie werden sich nicht nur ganz automatisch konzentrieren, sondern auch wichtige Erkenntnisse haben.

So meinte Michael, der sich als Testperson für diese Übung zur Verfügung stellte, er hätte sich ohne die zeitliche Begrenzung beim Lesen verloren. So habe er aber ein Resultat (er schaute dabei befriedigt auf seine Notizen) und den Überblick über das Buch.

Michael hat zudem Dinge entdeckt, die einem beim ganz normalen Lesen meist entgehen: Er sah zum Beispiel, wo sich der Autor wiederholt und wo die Titel nicht ganz zum Inhalt passen. Einen weiteren Nutzen der »1 Stunde pro Buch«-Übung ist, dass sie spannend ist und die Neugier nach mehr Information weckt. So meinte Michael:

Es hilft viel, den ersten und zweiten Satz eines Abschnittes zu lesen. Man findet sogleich ein Stichwort. Doch ich musste mich disziplinieren, nach den ersten zwei Sätzen nicht weiterzulesen, ich wollte nichts verpassen.

Er bekam Lust, das Buch gründlich zu lesen und merkte dabei, wie vieles wieder anklang.
Konzentration – Stillhalten oder Bewegung? Sie kennen nun die Antwort. Michael meinte nach dem Experiment noch, er hätte nun gespürt und begriffen, was Konzentration bedeute: »Konzentration heißt doch nichts anderes als *keep your mind busy.*«

Der Möglichkeiten sind viele

Wir fragen jeweils die Studierenden, die unsere Kurse »Lernen mit Lust!«[7] besuchen, worin sie sich verbessern möchten. Gedächtnis, Effizienz und Konzentration werden mit Abstand am häufigsten genannt. Diese drei Bereiche sind stark miteinander verzahnt. Wenn wir die Konzentration verbessern, können wir uns Dinge leichter merken. Und wenn wir uns gut auf unsere Aufgabe konzentrieren können, sind wir effizienter.
Die Konzentrationsfähigkeit lässt sich verbessern, und es gibt unzählige Möglichkeiten, wie man dies angehen kann. Es ist ähnlich wie beim Verbessern der körperlichen Fitness, wozu Sie von Radfahren über Jogging zu Ballett, Yoga oder Seilhüpfen eine fast unendlich große Palette an Sportarten zur Verfügung haben. Daraus können Sie auswählen, was Ihnen entspricht.

Ein Geist, der mit verschiedenen Geschäften umgeht, kann sich nicht sammeln.
MARTIN LUTHER

Konzentration

Wir haben bei den Experimenten bereits gesehen, dass das Setzen von konkreten Zielen und Aufgaben – und damit das Fordern des Geistes – die Konzentrationsfähigkeit erhöht. Darauf werden wir in diesem Buch immer wieder zurückkommen. Konzentration lässt sich aber auch ein Stück weit organisieren. Denn ungeteilte Aufmerksamkeit hängt unter anderem davon ab, wie weit wir äußere Störungen ausschalten können.

Konzentration organisieren

Aufmerksamkeit ist ein wichtiges Merkmal der Konzentration. Wenn wir aufmerksam sind, bündeln wir unsere Gedanken und Sinne voll und ganz auf das Thema und lassen uns nicht ablenken. Besteht die Ablenkung jedoch bloß aus einer Fliege, die verzweifelt den Ausweg ins Freie sucht, kann das Öffnen des Fensters eine willkommene Kurzpause sein, die unseren Denkfluss kaum stört. Wenn wir aber in Gedanken noch anderswo verweilen oder uns durch Gespräche unterbrechen lassen, ist die Aufmerksamkeit schlecht. Ebenso, wenn wir unsere Konzentrationsspanne nicht berücksichtigen und zu wenig Pausen machen. Solche Probleme lassen sich durch Verbesserung der Organisation angehen.

Ich jage niemals zwei Hasen gleichzeitig.
BISMARCK

»**Heilige Stunden**«. Thomas Mann wurde einmal vom Historiker Jean Rudolf von Salis gefragt, wie er es unter den schwierigen äußeren Umständen von Krieg und Exil fertig bringe, so völlig in sich ruhende Werke zu schaffen.[8] Der große Schriftsteller meinte darauf: »Wissen Sie, der Morgen ist mir heilig. Ich setze mich früh an den Schreibtisch. Es darf kein Telefon, keine Zeitung, keine Korrespondenz zu mir kommen. So schreibe ich bis Mittag völlig abgeschirmt an meinen Werken.« Thomas Manns »heilige Stunden« können auch Sie sich schaffen: reservieren Sie bestimmte Stunden im Wochenkalender und halten Sie diese hoch und heilig. Die fixen Lern- oder Denkstunden sollen zur Gewohnheit werden, die nicht nur Sie respektieren müssen, sondern auch Ihr Umfeld. Wenn Ihre Stunden zum Wochenrhythmus gehören, werden Sie nicht jedes Mal Energie aufwenden müssen, um sich fürs geistige Arbeiten zu entscheiden und sich hinzusetzen.

Während meiner Zeit als Berufsschullehrerin habe ich jeweils zu Beginn des Semesters die Abende festgelegt, an denen ich zu Hause Lektionen vorbereiten wollte. In der Regel waren es Montag, Mittwoch und Freitag, wobei mir der Freitag als Reservetag diente, den ich selten beanspruchte. Ich begann meine Arbeit immer Punkt zwanzig Uhr. Dies hatte den großen Vorteil, daß ich mich vorher wirklich frei fühlte und mich keine innere Stimme mahnte, ich solle mich endlich ans Vorbereiten machen. Damit ich für meine »heiligen Stunden« frisch war, hatte ich mir im Übrigen angewöhnt, nach dem frühen Abendessen ein halbstündiges Schläfchen zu machen. Dieser verspätete Mittagsschlaf wirkte bei mir Wunder.

Störungen ausschalten. Sie haben es genau wie Thomas Mann in der Hand, sich weder durch Anrufe noch durch Zeitungen oder Korrespondenz stören zu lassen. Das Telefon lässt sich ausstecken oder umschalten, und die Verlockung des Briefkastenleerens kann man in eine Belohnung umwandeln. Doch der Zeitpunkt für die Belohnung will mit Bedacht gewählt sein.

Theres, eine junge Frau, bereitete sich zu Hause auf ihr Abitur auf dem zweiten Bildungsweg vor und beklagte sich, sie hätte

Wer sich zu viel mit Kleinem abgibt, wird bald unfähig zu Großem.
LA ROCHEFOUCAULD

Konzentration

zu wenig Zeit fürs Lernen. Ich fragte sie, wann sie jeweils beginne. »Um zehn Uhr«, meinte sie und fügte sofort an: »Ich lese eben nach dem Frühstück zuerst ausgiebig die Zeitung, das ist der einzige Zeitluxus, den ich mir leiste; ich möchte mir ja auch etwas gönnen!« Natürlich soll sie sich etwas gönnen. Und wenn sie gerne schon vor dem Lernen etwas sich zuliebe tut, ist dagegen auch nichts zu sagen. Nur soll es die Konzentration beim anschließenden Lernen nicht stören. Mit Zeitunglesen belastet Theres ihr Gedächtnis schon vor dem Lernen. Ihr Kopf ist zu Beginn der Lernsession mit Sicherheit nicht so klar, wie wenn sie aufs Zeitungslesen verzichtet hätte.

Ähnliches beobachtet man im Berufsleben. Statt sich bei Arbeitsbeginn mit den geistig anspruchsvollsten Aufgaben zu beschäftigen, erliegen viele der Versuchung, zunächst die unzähligen E-Mails zu bearbeiten.

Lassen Sie sich leicht ablenken? Eine einfache Methode, äußere Störungen anzugehen und auszuschalten, beginnt mit dem Erstellen einer Liste: Notieren Sie alle Störungen und überlegen Sie sich bei jeder einzelnen, wie Sie diese eliminieren oder umgehen können. Vielleicht besprechen Sie es mit einer Person in einer ähnlichen Situation. Dann treffen Sie die entsprechenden Maßnahmen.

Manchmal kommen Störungen nicht von außen, sondern von innen. Irgendetwas beschäftigt Sie – eine Enttäuschung, eine Sorge oder die große Liebe – und es fällt Ihnen schwer, sich auf den Lernstoff zu konzentrieren. Peter, ein Ingenieur-Student, der sich selbst gut beobachten kann, hat mir erzählt, wie er mit starken Gefühlen umgeht: »Ich stelle die Emotionen beiseite und nehme sie am Abend wieder hervor.« Er schiebt die belastenden Gefühle nicht einfach weg, sondern – und dies ist das

Entscheidende – weist ihnen einen bestimmten Platz und eine bestimmte Zeit zu. Wenn Sie oft innere Unruhe spüren, möchte ich Sie ermuntern, autogenes Training, Yoga oder andere meditative Techniken auszuprobieren. Sie werden die wohltuende Wirkung bald spüren.

Sich einstimmen. Für eine gute Konzentration ist es wichtig, sich auf eine Lernsession zu Hause, auf eine Vorlesung oder einen Vortrag einzustimmen. Sie sammeln dabei Ihre Gedanken und sinnieren über das kommende Thema. Dieses Einstimmen soll als ein Ritual gepflegt werden und darf einige Minuten Zeit kosten.

Ein besonders eindrückliches Beispiel des Einstimmens zeigte der Kunstturner Donghua Li anlässlich der Olympischen Spiele in Atlanta. Bis kurz vor seinen Einsatz sah man ihn mit geschlossenen Augen auf einer Matte liegen. Ohne sich vom Geschehen im riesigen Stadion ablenken zu lassen, turnte er innerlich seine Übung durch, und seine mentale Stärke verhalf ihm schließlich zur Goldmedaille.

Auch Sie können sich vor einer Vorlesung oder vor einer Lernsession wie Donghua Li zurückziehen und sich für das Kommende sammeln. Warum nicht zehn Minuten vor Beginn Platz nehmen und sich das Programm des Vortrages oder den Stoff der letzten Lektion nochmals anschauen?

Pausen. Konzentration und Pausen sind so untrennbar miteinander verbunden wie Wachsein und Schlaf. Wer sich konzentriert, braucht Pausen. Geist und Körper müssen sich regenerieren können; Pausen gehören zum ökonomischen Umgang mit unserer Energie. Während der Pause können Sie sich lockern, dem Gehirn durch tiefes Einatmen am offenen

Konzentration

Fenster wieder Sauerstoff zuführen, die Augen ausruhen, etwas Kleines essen, eine klassische Sonate hören oder eine Runde Rad fahren.

In der Regel kann man sich ca. 20 bis 35 Minuten voll konzentrieren. Durch eine Kurzpause nach dieser Zeit – zum Beispiel Wasser trinken – und das Wechseln der Tätigkeit – zum Beispiel vom Lesen zum Mindmap-Zeichnen (siehe auch Teil 4, Kapitel »Mehr Lust dank guter Strategie«) – kann sich eine Lernsession auf 40 bis 60 Minuten verlängern lassen. Doch dann ist eine größere Pause angesagt.

Wenn Sie achtsam sind, können Sie Ihr Bedürfnis nach einer Pause erkennen. Sie spüren auch die wohltuende Wirkung der Regeneration. Pausen werden auch am häufigsten genannt, wenn wir unsere Studierenden nach ihren Lern-Entdeckungen fragen.[9]

Einige Kostproben:

- Wenn ich 25–35 Minuten gelesen und gelernt habe, mache ich ca. 10 Minuten Pause (bewegen, trinken, essen). Wenn ich länger am Tisch sitze, bin ich am Abend ganz schon müde und verkrampft.
- Ich schalte häufig kurze Pausen ein.
- Ich mache zwei Stunden Mittagspause, zum Verdauen.
- Kurze Pausen auf dem Balkon und frische Luft einzuatmen tun gut.
- Ich mache Pausen, in denen ich etwas ganz anderes mache, das mir aber gefällt.
- Abwechslung durch Hausarbeit und anderes schafft Ausgleich zum kopflastigen Studieren; das Wissen kann sich setzen.

Den Lernort wechseln. Bei den Entdeckungen der Studierenden spielt auch der Lernort eine wichtige Rolle. Interessant ist zum Beispiel die Aussage einer jungen Frau, die an der Universität Basel studiert. Ihre Lernentdeckung: »Lernen im Zug, man hat automatisch das Gefühl, vorwärts zu kommen. Und die Zeit ist begrenzt.« Unser Geist braucht Abwechslung und will Herausforderungen, wie zum Beispiel die Begrenzung der Zeit. Das Lernen im Zug bietet beides. Ein Student der Universität Zürich meint: »Ich verhindere Monotonie, indem ich alle zwei Wochen den Ort wechsle, an dem ich lerne«, während eine Architekturstudentin von ihrer Entdeckung während der Vorbereitung aufs Vordiplom berichtet: »Meine Intuition zeigt mir, wo jeweils der beste Ort zum Lernen und Üben ist (Hängematte, Küche, Balkon, Wald), es nützt viel, wenn ich es beachte.« Die junge Frau hat gemerkt, dass auch die Lernumgebung »mitgelernt« wird. Braucht man zum Beispiel für eine Konzeptionsaufgabe Weitblick, eignen sich ein großräumiger Ort und Bewegung besser als die enge Klause mit starrem Blick auf den Minibildschirm des Notebooks. Ihr Kollege hingegen arbeitet immer am gleichen Ort und hat damit gute Erfahrungen gemacht: »Ich bin konditioniert auf meinen Arbeitsplatz und gebrauche auch immer dasselbe Papier und dieselben Bleistifte, dies stimmt auf das Lernen ein.«

Auch in meinem Büro wechsle ich je nach Aufgabe vom Schreibtisch an einen anderen Platz. So ist für geistig sehr anspruchsvolle Arbeiten das untere Ende des Besprechungstisches reserviert.

Durch welche organisatorischen Maßnahmen ließe sich Ihre Konzentrationsfähigkeit verbessern? Listen Sie konkrete Beispiele auf oder diskutieren Sie sie mit Kollegen. Wählen Sie eine Vorgehensweise und probieren Sie sie aus.

Konzentration in der Vorlesung

Viele Studierende denken, wenn sie von einer Verbesserung der Konzentration sprechen, ans Selbststudium zu Hause. Über ihre Aufmerksamkeit während der Vorlesungen hingegen machen sich die wenigsten Gedanken. Es scheint, dass sich viele in einer Vorlesung weniger verantwortlich fühlen für ihre Konzentration als zu Hause am Schreibtisch.

1994 führte ich mit vierzig Maschineningenieur-Studenten Interviews über ihr Lernverhalten.[10] Unter anderem befragte ich sie zur Konzentration während des Unterrichts. Ein Fünftel der jungen Männer gab an, sich selten oder nie zu konzentrieren, zwei Fünftel konzentrierten sich manchmal und die restlichen zwei Fünftel meistens.

Auf die Frage, ob man die Konzentration verbessern könne, gab es drei Kategorien von typischen Antworten:

1
- Ist schwierig, man hat langsam genug.
- Schwierig, es ist eben ein Automatismus.
- Wäre positiv. Aber ich muss mich nicht so sehr konzentrieren, da ich ein Skript habe und es zu Hause nachlesen kann.
- Ich schaue oft zum Fenster hinaus. Wenn ich mich konzentrieren könnte, wären meine Leistungen besser.

2
- Ist schwierig, wenn der Unterricht monoton ist.
- Wenn es der Dozent interessant machen würde.
- Wenn der Dozent nicht so weit weg wäre.
- Wenn die Atmosphäre spielerischer wäre und man auch mal lachen würde.

- Ist schwierig, 50 Minuten volle Konzentration ist nicht möglich ... tut gut, wenn ich für ein bis zwei Minuten aus dem Fenster schaue.
- Acht Stunden sich voll konzentrieren kann man nicht. Wenn man trainieren könnte, das Wichtigste herauszufiltern, würde es was bringen.
- Für mich ist die Konzentration während des Unterrichts das Effizienteste. Wenn ich wirklich wollte, wurde es sehr viel bringen.
- Wäre gut, wenn Konzentration ein Thema wäre und man es üben würde.

Die Aussagen der ersten Gruppe stammen von Studenten, die sich während des Unterrichts selten oder nie konzentrierten und es nie hinterfragten. – »Es ist eben ein Automatismus.«

Widerstehen Sie der Versuchung, sich unterhalten zu lassen!
In der zweiten Gruppe findet man Anworten von Studenten, die sich für ihre mangelnde Konzentration offensichtlich nicht verantwortlich fühlen. Wenn der Dozent zu weit weg ist, kann man sich schließlich etwas weiter nach vorne setzen.
Experimentieren Sie mit der Wirkung, die verschiedene Sitzplätze im Hörsaal auf Ihre Konzentration haben. Sie werden große Unterschiede feststellen. So hat mir ein Student erzählt, dass er sich in den vorderen Reihen sehr gut konzentrieren kann. Setzt er sich hingegen weit nach hinten oder oben, »ist es wie im Kino: ich lehne mich zurück und ziehe mir die Vorlesung rein wie einen Unterhaltungsfilm«.
Die Versuchung ist groß, sich einfach unterhalten zu lassen oder die mangelnde Konzentration auf einen langweiligen Referenten zu schieben. Bedenken Sie: Eine Vorlesung fordert

Konzentration

genauso Aktivität wie das Lernen zu Hause. So, wie der Inhalt von Büchern besser oder weniger gut erschließbar ist, so sind auch Vorlesungen besser oder weniger gut zugänglich. Es kann sogar besonders herausfordernd sein, aus einer monoton vorgetragenen Vorlesung möglichst viel herauszuholen – die Befriedigung ist nachher umso größer. Eine scheinbar langweilige Vorlesung kann unter Umständen mehr Raum für eigene geistige Aktivitäten zum Thema lassen. Deshalb:

Stellen Sie Ihrem Geist eine herausfordernde Aufgabe. Werden Sie tätig, geben Sie Ihrem Geist eine Aufgabe. Heutzutage werden oft Skripts abgegeben und Sie müssen deshalb kaum etwas aufschreiben. Dies ist sehr angenehm, aber es zwingt Sie nicht, genau hinzuhören und auf das Wichtigste zu achten. Wie wär's, wenn Sie nun laufend – unabhängig vom Skript – das Wesentliche in einer Mindmap zusammenfassten? Sie üben so, Wichtiges von Unwichtigem zu unterscheiden und haben den Überblick, wenn Sie schnell den Inhalt repetieren wollen. Und als »Nebenprodukt« dieser Tätigkeit haben Sie sich während der ganzen Stunde konzentriert!

Nichts können ist keine Schande, aber nichts lernen.
DEUTSCHES SPRICHWORT

Konzentrieren Sie sich selektiv. Werfen wir noch einen Blick auf die Aussagen in der dritten Gruppe. Es ist in der Tat schwierig (und oft auch nicht notwendig), sich 50 Minuten voll zu konzentrieren – vor allem an Tagen mit vielen Vorlesungsstunden. Sie wissen, dass in der Regel nach etwa 20 bis 35 Minuten die Konzentrationsfähigkeit nachlässt. Doch wie schafft man nun einen Tag mit vier Vorlesungen? Die zweite Antwort bietet den Schlüssel für eine mögliche Lösung: »Acht Stunden voll konzentrieren kann man nicht. Wenn man trainieren könnte, das Wichtigste herauszufiltern, würde es was bringen.«

ist leider immer noch eine
Zeile zu lang

Nehmen wir in Gedanken einmal etwas Abstand und betrachten Vorlesungen aus größerer Distanz. Überlegen Sie sich, was Sie in einer Vorlesung lernen möchten und bis zu welchem Detaillierungsgrad Sie das Gehörte jeweils in Ihr persönliches Wissensnetz einbauen wollen. Die Antwort auf diese Frage ist entscheidend, denn so sind Sie im Stande, sich auf das Wesentliche zu konzentrieren. Sie lassen sich nicht einfach berieseln, sondern Sie sind *selektiv*. Sie sind vom Glauben, dass man immer alles können und verstehen muss, schon längst weggekommen. Sie richten Ihr Augenmerk wie beim Einkaufsbummel vor allem auf Dinge, die Sie unbedingt brauchen, und achten darüber hinaus darauf, was es noch so Neues gibt. Diese Strategie erlaubt Ihnen, den Grad der Konzentration zu variieren und auch einmal aus dem Fenster zu gucken.

Die selektive Konzentration auf die Spitze getrieben hat Elias Canetti. In »Die gerettete Zunge«, der Geschichte seiner Jugend, erzählt er vom Unterricht bei seinem verehrten Lehrer Emil Walder Folgendes:[11]

> Da das Lateinische mir leicht fiel, gewöhnte ich mir eine Art von Doppelexistenz bei ihm an. Mit den Ohren folgte ich seinem Unterricht, so daß ich, aufgerufen, immer antworten konnte. Mit den Augen las ich in einem kleinen Bändchen, das ich unter der Bank aufgeschlagen hatte. Er war aber neugierig und holte es, wenn er an meiner Bank vorbeikam, von unten hervor, hielt es nah vor seine Augen, bis er wußte, was es war, und gab es mir dann aufgeschlagen zurück. Wenn er nichts sagte, nahm ich das als Billigung meiner Lektüre.

Konzentration

Nun, Canettis Doppelexistenz ist wohl für Normalbegabte eher nicht zu empfehlen.

 Doch überdenken Sie Ihr Konzentrationsverhalten während der Vorlesungen. Wo haben sich schlechte Gewohnheiten eingeschlichen? Stimmen Sie sich ein auf die Vorlesung? Vergegenwärtigen Sie sich, was letztes Mal bekannt wurde? Was könnte verbessert werden? Wie wollen Sie es anpacken?

Konzentration am Schreibtisch

Man ist zu Hause weniger der Versuchung ausgesetzt, sich unterhalten zu lassen. Was hingegen genauso konzentrationsfördernd ist wie in einer Vorlesung, ist eine angemessene Herausforderung.

Dem Geist etwas Herausforderndes zu tun geben. Wir wissen es bereits: Unser Geist wird aktiv, sobald wir ihm etwas zu tun geben und er Abwechslung und Herausforderung hat. Denselben Text zum dritten Mal durchlesen, ohne dabei eine neue Aufgabe zu bekommen, langweilt ihn. Geben Sie ihm also zum alten Text über Napoleons Russlandfeldzug noch eine Zusatzaufgabe: Lesen Sie das Kapitel, wie wenn Sie zu jener Zeit gelebt hätten, vielleicht als gelehrter Schweizer am Hof des Zaren. Wie sieht der Text aus diesem Blickwinkel aus? Oder halten Sie Zwiesprache mit dem Autor des Textes. Wie hat er Napoleon gesehen? Bewundert er ihn? Ist er kritisch? Wie ist er zu seinen Information gekommen?
Das Ändern der Perspektive, etwas aus verschiedenen Blickwinkeln zu betrachten oder auf neue Art und Weise anzugehen,

regt an. Man ist gefühlsmäßig intensiver beteiligt, hat neue innere Erlebnisse, macht Entdeckungen und ist dadurch auch stärker motiviert. Und zudem bleibt der so erarbeitete Stoff auch besser im Gedächtnis.

Wem wollen Sie das Gelernte nachher erzählen? Als ich in jungen Jahren Chemie zu unterrichten begann, musste ich das ganze Fach nochmals von Grund auf repetieren, damit ich es überhaupt meinen Berufsmittelschülern vermitteln konnte. So studierte ich erneut Chemie – diesmal mit den Schülern im ständigen inneren Dialog. Dabei merkte ich, dass diese Vorstellung enorm half, mich auf das Wesentliche zu fokussieren. Ich konsumierte den Lehrstoff nicht einfach (wie früher oft), sondern suchte aktiv nach dem Wichtigsten und nach dem, was für meine Schüler interessant sein könnte. Das Lernen wurde zum Entdeckungsprozess. Und was ich entdeckte, artikulierte und ordnete ich automatisch gleich im Hinblick auf das Weitergeben. Ich sah mich in Gedanken immer wieder vor der Klasse beim Vortragen meiner neuen Erkenntnisse.

Sich während des Lernens bereits beim Weitervermitteln zu sehen, ist äußerst wirksam. Dies hat auch Dora, eine Studentin der Betriebswissenschaft, mit Erfolg ausprobiert:[12]

Wenn ich vor mir allein bin, erzähle ich mir, was ich gesehen habe, als wenn ich dir's erzählen sollte und es berichtigt sich alles.
GOETHE
AN CHARLOTTE VON STEIN

> Beim Lernen habe ich vermehrt begonnen, mir ein grosses Ziel auf kleinere Zwischenziele herunterzubrechen, und zwar nicht nach Buchseiten, sondern verstandesmässig. Das heisst, es ist nicht mehr mein Ziel, ein Buch bis dann und dann gelesen zu haben, sondern – viel spannender – einen Sachverhalt verstanden zu haben. Ich teile also nicht mehr Bücher

Konzentration

auf die einzelnen Tage auf, sondern Lerninhalte. Das Ziel ist dann, jeweils am Abend meinem Maskottchen ein kleines Referat (frei!) über das Gelernte zu halten.

Die Rolle des Maskottchens kann auch der Chef spielen: Ein bestandener Jurist erzählte mir, er stelle sich jeweils vor einem Vortrag oder vor dem Lesen eines Fachartikels vor, er müsse nachher dem Chef darüber rapportieren.
Haben Sie auch ein Maskottchen, eine Schulklasse oder ein anderes imaginäres oder reales Wesen, dem Sie das Gelernte nachher erzählen könnten? Probieren Sie es aus, es lohnt sich!

Vergessen Sie das Spielen nicht! Menschen, die in Gedanken versunken sind, machen oft eine ziemlich ernste Miene. Das heißt aber nicht, dass Konzentration eine triste Angelegenheit ist – im Gegenteil. Man ist zwar nach innen gerichtet, aber der Geist ist in Bewegung. Und man kann ihn ruhig auch noch etwas weiter bewegen, mit der Fantasie spielen, und Humor einbringen! Eine Lernsession wird viel kurzweiliger, wenn Sie sich zu Beginn vornehmen, ab und zu eine witzige Eselsbrücke zu bauen oder einer komplizierten Formel einen Heiligenschein zu verpassen. Sie können über Napoleons Liebesleben fantasieren oder sich in allen Details vorstellen, wie Sie den Krebszyklus einem Kindergärtner erzählen würden. Sie können Mindmaps und Männchen zeichnen, mit Assoziationen herumspielen, Farbe in die Unterlagen bringen und Goethe mit Hörnern versehen. Und sich selbst zur Abwechslung eine Krone aufsetzen.
Vergessen Sie das Fantasieren und Spielen nicht. Pflegen Sie es, das Leben ist sonst noch ernst genug!

Ein einfacher, aber wirksamer Trick. Zum Schluß noch ein Tipp, der hilft, sich zu konzentrieren: Schreiben Sie immer zu Beginn einer Lernsession die Zeit auf, zum Beispiel 08.07. Notieren Sie auch die Zeit, wenn Sie den Schreibtisch verlassen: 08.55. Sie werden sehen, diese kleine Maßnahme zeigt bald große Wirkung. Sie konzentrieren sich nicht nur besser auf Ihre Lernsession, sondern Sie genießen vor allem auch ohne schlechtes Gewissen die Pausen. Ich entdeckte diesen Trick während meines Biochemiestudiums. Ich führte damals übers Lernen Tagebuch. Neben meinen Anmerkungen zur allgemeinen Verfassung und Beobachtungen übers Lernen und Vergessen notierte ich jeweils Start- und Endzeit am Schreibtisch. Denn ich wollte herausfinden, wie viele Stunden pro Woche ich maximal und qualitativ gut und ohne allzu große Ermüdungserscheinungen lernen konnte. (Ich kam auf 30 bis höchstens 33 Stunden pro Woche.)

Schon bald merkte ich, dass ich mich durch das Notieren der Lernzeit besser konzentrierte. Als Nächstes machte ich mir auch ein Spiel daraus, möglichst viel in eine Session hineinzupacken. Ich begrenzte einfach die Zeit für eine bestimmte Stoffmenge. Dieser Druck aktivierte das Gehirn ungemein.

Ich empfand den selbst gewählten Zeitdruck anders als den vor einer Prüfung. Es war eher wie ein spielerischer, aber doch sportlicher Wettlauf.

Dieses Begrenzen der Zeit wende ich oft an, z. B. beim Schreiben. «Bis zur Kaffeepause muss aus diesem Konzept ein Artikel mit 4000 Anschlägen geschrieben sein», sage ich mir – und es wirkt!

Wie wollen Sie die Konzentration am Schreibtisch verbessern? Entscheiden Sie sich zunächst für einen einzigen Tipp. Beherzigen Sie ihn ab heute, bis er zur Gewohnheit wird. Dann nehmen sie sich den nächsten vor.

Das Geheimnis allen geistigen Schaffens ist die Sammlung.
OTHMAR SPANN

Konzentration

Bleiben wir noch etwas beim Sport. Über das Training im Sport wird viel mehr nachgedacht und geschrieben als über das Training unseres »Gehirnmuskels«. Sport Treibende konzentrieren sich meist besser auf ihr Training und halten sich an einen Plan. Oder können Sie sich vorstellen, dass eine Trainingssession eines Läufers oder einer Radfahrerin so aussieht:

- 5 Minuten umziehen
- 5 Minuten spazieren / auf dem Rad bummeln (um zu überlegen, was zu trainieren ist)
- 10 Minuten laufen / Rad fahren
- 10 Minuten Unterbruch / Stillstand / bummeln (Natel-Anruf der Freundin)
- 30 Minuten laufen / Rad fahren

Wohl nicht. Auch Novizen wissen in der Regel bereits vor dem Training, was sie beabsichtigen. Und sie lassen sich während des Trainings nicht so leicht unterbrechen.

In den letzten Jahren ist in den Ausdauersportarten der Begriff »qualitatives Training« aufgekommen. Marathonläuferinnen, Triathleten oder Radrennfahrer, Männer oder Frauen, trainieren qualitativ. Was heißt das? Der Trainingsumfang, also die Quantität, wird verkleinert. Statt 160 km pro Woche zu laufen, beschränkt sich ein professioneller Marathonläufer heute eher auf 120 km. Dafür gehört zu seinem Trainingsplan Ausgleichssport; er schwimmt und geht noch ins Krafttraining, fährt Mountainbike und ist im Winter auf den Langlaufskis anzutreffen. Dies erhöht die Qualität und das Training macht mehr Spaß. Es ist viel abwechslungsreicher, der Körper ermüdet dadurch weniger und die Verletzungsgefahr ist geringer.

Exploratives Lernen ist qualitativem Sporttraining in vielem ähnlich. Man wendet ebenso eher weniger Stunden für das Erarbeiten von Inhalten auf, geht das aber umso bewusster an. Und daneben macht man noch Ausgleichstraining.

Also: wenn ich mich an den Schreibtisch setze, gilt meine Aufmerksamkeit dem Lernen und nichts anderem. Denn meine Zeit ist kostbar. Ich lerne mit einem minimalen Zeitaufwand, dafür konzentriert. Ich habe mich dafür mental vorbereitet und halte mir für jede Lernsession ein Ziel vor Augen, das meinem Geist fordert. Dasselbe gilt auch für Vorlesungen.

Und damit ich mehr Spaß habe, lasse ich mich zum Ausgleich durch Bücher zum Thema Lernen inspirieren, mache witzige Gedächtnisübungen, kultiviere Neugier und Kreativität und führe Tagebuch über meine Beobachtungen, Ideen und Entdeckungen.

3 DEN LERNPROZESS ANGEHEN

Den Lernprozess angehen

Ich will euch mein Erfolgs-
geheimnis verraten:
meine ganze Kraft ist nichts
anderes als Ausdauer.
LOUIS PASTEUR

Sie sind nun gerüstet für den Aufbruch ins Abenteuer. Sie kennen bereits drei Elemente des Explorativen Lernens – die Neugier, die Beobachtung und die Reflexion – und haben damit erste Erfahrungen gesammelt.

In diesem Teil werden Sie sich mit einem weiteren Element – den Prozessen – vertraut machen. Wenn Sie sich zum ersten Mal mit Prozessen befassen, wird Ihnen dieser dritte Teil zunächst etwas abstrakt erscheinen. Doch halten Sie durch, es lohnt sich. Denn wenn Sie lernen, Prozesse zu beobachten und zu analysieren, zu abstrahieren und zu reflektieren, werden Sie – was immer Sie in Zukunft auch anpacken – gekonnter und souveräner an neue Aufgaben und Problemstellungen herangehen.

Ich möchte Ihnen zunächst die Grundstruktur von Prozessabläufen aufzeigen und begreiflich machen, warum beim Lernen und Arbeiten ein Aufteilen in Teilprozesse sinnvoll ist. Sie werden zudem erkennen, warum geistige Flexibilität eine ganz grundlegende Fähigkeit ist.

Des Weiteren werden Sie sehen, dass Lernen aktives Konstruieren des persönlichen Wissens bedeutet. Sie haben es in der Hand, wie vertieft Ihr Wissen sein soll und wie gut Sie sich daran erinnern möchten. Welche Faktoren haben Einfluss auf gutes Erinnern? Das Kapitel »Wissen, Gedächtnis und Erinnerung« wird Ihnen einiges dazu verraten. Interessant ist aber nicht nur, wie Inhalte ins Langzeitgedächtnis transferiert, rekonstruiert und abgerufen werden können. Beim Denken, beim Lernen und bei anspruchsvollen Arbeiten spielt auch das Gespür für die beschränkte Kapazität des Kurzzeitgedächtnisses eine Rolle. Wenn Sie achtsam sind, werden Sie dieses Gespür mit der Zeit entwickeln. Dieses Kapitel soll Ihnen dabei helfen.

Das Wesen der Prozesse

Was für Gemeinsamkeiten haben das Schreiben einer Zeitungsmeldung, das Vorbereiten auf die Diplomprüfung, das Backen eines Kuchens und das Lösen eines kniffligen Programmierproblems?

Alle diese Aufgaben und Problemlösungsprozesse folgen im Grunde demselben Schema. Auch die verschiedenen Teilprozesse findet man – mehr oder weniger ausgeprägt, manchmal sich überlappend oder simultan verlaufend – bei allen Beispielen.

Analysieren wir zunächst folgende Aufgabe:

Zeitungsmeldung schreiben

Ruth hat während der Arbeit an ihrer Dissertation herausgefunden, dass sich ein Frühstück, das nur Fett oder Eiweiß enthält, besser auf die kognitiven Fähigkeiten auswirkt als eine kohlenhydrathaltige Mahlzeit.[1] Sie will diese Resultate der Öffentlichkeit zugänglich machen und beschließt, für die NZZ einen kleinen Artikel zu schreiben.	Ziel festlegen
Sie schaut sich ähnliche Artikel in der NZZ an und fragt den Redaktor, ob er an ihrem Thema Interesse hätte. Er ermuntert sie, eine Meldung mit zweitausend Anschlägen zu schreiben.	Informationen sammeln

Den Lernprozess angehen

Ruth analysiert Meldungen ähnlicher Größe auf Struktur und Inhalt, überlegt, was sie in ihrem Text schreiben soll.	Denken/ Konzipieren
Sie will die Meldung dem Redaktor bis übermorgen faxen. Ihr Professor ist nur morgen Nachmittag erreichbar, um seine Zustimmung zu geben.	Planen
Das Schreiben ist schwieriger als angenommen, denn es ist nicht so einfach, die Erkenntnisse in eine allgemein verständliche Sprache zu fassen. Ruth befürchtet, man werde sie als Wissenschaftlerin nicht ernst nehmen mit dieser vereinfachenden Ausdrucksweise. Aber ihr Ziel, den Artikel in die Zeitung zu bringen, ist stärker als die Bedenken. Nach einem ganzen Nachmittag Schreibarbeit legt sie den ausgedruckten Text für eine Revision am nächsten Morgen beiseite.	Tun
Am anderen Morgen macht sie noch ein paar kleine Änderungen, holt am Nachmittag das O. K. ihres Professors ein und faxt dann die Meldung dem Redaktor.	Kontrollieren
Als die Meldung in der Zeitung erscheint, ist sie hoch erfreut. Sie erinnert sich, wie schwierig die einfach scheinende Arbeit war, und realisiert, dass sie viel dabei gelernt hat. Sie geht den Text nochmals durch und sieht nun viel besser, was sie beim nächsten Mal anders machen will.	Beobachten und Reflektieren

Das Wesen der Prozesse

Als Teilprozesse in der Vorbereitungsphase sind erkennbar: Ziele setzen, Informationen sammeln, Nachdenken und Planen. Das Schreiben und Kontrollieren bilden die Phase des Tuns, während das Ganze aus der Retrospektive betrachten und reflektieren zur Nachbearbeitungsphase gehören.

Mit dem folgenden Beispiel möchte ich Ihnen zeigen, wie die Vorbereitung auf Prüfungen an die Hand genommen werden kann:

Vorbereitung auf die Diplomprüfung

Für die Diplomprüfung setzte ich mir ein präzises Ziel: ich wollte mit »sehr gut« abschließen.	Ziel festlegen
Nachdem ich mich bei verschiedenen Assistenten nach der Art der Prüfungen und deren Länge erkundigt und mir alte Aufgabenblätter besorgt hatte, verschaffte ich mir zu Beginn der Sommerferien einen Überblick über den zu lernenden Stoff. Der erste Teil war mühsam, aber ich habe mich durchgebissen – ich musste nämlich für zwei von vier Fächern zunächst alle Unterlagen zusammensuchen und ordnen.	Informationen sammeln
Nachdem ich alles schön geordnet überblickte, nahm ich meine Agenda zur Hand: Bis zu den Prüfungsterminen hatte ich elf Wochen Zeit. Ich wusste bereits aus Erfahrung, dass ich pro Woche etwa 30 bis 33 Stunden konzentriert lernen kann. Ich wusste auch, dass ich mich besser fühle, wenn ich noch einen Zeitpuffer einberechne.	Denken/ Konzipieren

Den Lernprozess angehen

So kalkulierte ich zwei Wochen Zeitpuffer plus neun Wochen Lernen à 30 Stunden. Die 270 Lernstunden mussten nun auf die vier Prüfungsfächer aufgeteilt werden. Pro Fach hatte ich also knapp 70 Stunden Zeit für die Vorbereitung. Den Stoffumfang und Schwierigkeitsgrad beachtend, entschied ich mich für folgende Stundenaufteilung:	**Planen**

Zellbiologie   70 h (= 4,7 Wochen à 15 h)

Genetik   40 h (= 2,7 Wochen à 15 h)

Biochemie   60 h (= 4 Wochen à 15 h)

Biophysik   100 h (= 6,7 Wochen à 15 h)

Total   270 h (= 9 Wochen à 30 h)

Da ich sämtlichen Lernstoff laufend mit Hilfe der modifizierten Lernkartei (siehe Teil 5) repetierte, musste ich keine zusätzliche Übungszeit einplanen.	**Tun, Kontrollieren**
Dank des ziemlich rigiden Zeit- und Stoffmanagements sowie des Repetierens mit der Lernkartei schaffte ich mir den schönen Luxus des freien Sonntags und des freien Mittwochnachmittags. In der freien Zeit ging ich meist Rad fahren, und ich erinnere mich noch, wie sehr ich die Freiheit auf diesen Touren genossen habe.	
Im Rückblick war die ganze Prüfungsvorbereitungsphase für mich optimal. Ich war nachher körperlich und geistig fitter und hatte auch mein Notenziel erreicht.	**Beobachten und Reflektieren**

Das Wesen der Prozesse

Grundstruktur von Prozessen

Die acht Teilprozesse (Ziel festlegen, Informationen sammeln, denken, planen, tun, kontrollieren, beobachten, reflektieren), die bei den vorhergehenden Beispielen gezeigt wurden, lassen sich schematisch als Zyklus bestehend aus vier Teilzyklen darstellen:

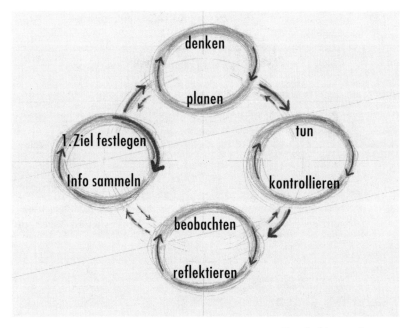

Grundzyklus von Prozessen

Der Zyklus beginnt beim Zielesetzen. Die Pfeile deuten an, daß sich die Teilprozesse überlappen, ineinander übergehen und in unendlichen Kombinationen zusammenspielen. Auch wenn der Gesamtprozess im Uhrzeigersinn verläuft, gibt es

Den Lernprozess angehen

Rückwärtsbewegungen und Fluktuationen. Der Prozesszyklus ist mit Beobachten und Reflektieren abgeschlossen.

Dieser allgemeine Prozess zeigt auf, wie Prozesse – vom Lösen eines kniffligen Programmierproblems über eine Diplomarbeit bis hin zum Schreiben einer Zeitungsmeldung – systematisch angegangen werden können. Der Zyklus gibt den Projekten auch Struktur: Statt einen gewaltigen, unübersichtlichen Berg vor sich zu haben, sehen Sie sich einer klaren Abfolge von Schritten, von Teilprozessen und Teilzielen gegenüber.

Jeder Teilprozess hat seine besonderen Charakteristika und erfordert ganz bestimmte Fähigkeiten und Denkweisen:

Wer vom Ziel nichts weiß, kann den Weg nicht finden.
CHRISTIAN MORGENSTERN

Ziele festlegen. Ein Ziel ist ein Zustand, den man zu einem bestimmten Zeitpunkt in der Zukunft erreichen will. Wenn Sie ein Ziel festlegen, lassen Sie die Zukunft auf die Gegenwart einwirken. Dies hilft zu fokussieren und wirkt motivierend. Je klarer und konkreter Sie Ziele formulieren und je deutlicher Sie sich den Zielzustand bildlich in allen Details vorstellen können, desto stärker ist die Wirkung. Denn Bildvorstellungen sind äußerst prägnant. Vergleichen Sie unter diesem Aspekt die beiden Aufgaben:

Aufgabe a	Aufgabe b
Anlass für Mutters Geburtstag (im Herbst) organisieren.	Originelles, witziges Geburtstagsfest für Mutters 60igsten, am Samstag, 19. Oktober (11.30 bis 17.00 Uhr) organisieren. Die ganze Verwandtschaft (17 Erwachsene und 7 Kinder) inkl. Urgroßmutter und Säugling hat Spaß!

Bevor ein Ziel festgelegt werden kann, muss oft noch Vorarbeit geleistet werden. Bei Problemlösungsaufgaben muss zum Beispiel zunächst das Problem sorgfältig formuliert und analysiert werden. Dazu benötigt man häufig noch weitere Informationen.

Informationen sammeln. Oft wird ein Projekt mit einer zu schwachen Basis an Information begonnen. Selbst erfahrene Berufsleute haben in dieser Beziehung – ohne dass sie sich dessen bewusst sind – eine Schwachstelle. Dabei benötigt das Sammeln von Information vergleichsweise wenig Zeit (dafür aber *drive*!).
Wenn Sie viele Informationen haben, können Sie nämlich einerseits das Ziel präziser formulieren, andererseits macht es mehr Spaß, aus dem Vollen zu schöpfen. Zudem kann oft beträchtlich Zeit gespart werden, denn meist sind die später benötigten Methoden, Checklisten, Vorlagen oder Muster vorhanden, und man muss das Rad nicht jedes Mal neu erfinden.
Viel Information gibt Ihnen beim Vorgehen einen größeren Spielraum – und dies im wahrsten Sinne des Wortes. Ich will Ihnen dies an einem Beispiel aus der Küche erläutern: angenommen, Ihr Liebster oder Ihre Liebste wünscht sich zum Geburtstag eine russische Randensuppe (Bortsch). Sie kennen diese Spezialität nicht. Was tun Sie? Sie suchen nicht ein, sondern mindestens fünf verschiedene Rezepte! Dann vergleichen Sie die Anleitungen. Sie werden feststellen, dass nicht nur die Mengen, sondern auch die Zutaten in den einzelnen Rezepten nicht ganz dieselben sind. Zudem ist die Anleitung nicht immer gleich ausführlich beschrieben und die einzelnen Rezepte enthalten verschiedene zusätzliche Tipps.
Durch das Vergleichen verschiedener Rezepte gehen Sie mit mehr Wissen, motivierter und mit größerem Selbstvertrauen

ans Kochen. Sie haben neben dem gewählten Weg gleichsam links und rechts einen Pannenstreifen. So können Sie spielerischer und flexibler reagieren, wenn Sie plötzlich realisieren, dass Sie zu wenig Zwiebeln für das Rezept haben und die Gäste in einer Stunde kommen.

Das Sammeln von Informationen kann schließlich zu einer deutlich besseren Qualität des Endproduktes führen. So macht es einen gewaltigen Unterschied, ob Sie einige Abende lang ein Sachbuch »Wie schreibe ich Zeitungsartikel?« durcharbeiten, bevor Sie selbst mit Schreiben beginnen, oder ob Sie sich lediglich am journalistischen Output Ihres Laborkollegen orientieren. Holen Sie sich das Know-how von den Allerbesten Ihres Fachs!

Arbeiten, um nicht denken zu müssen, ist auch Faulheit.
ERHARD BLANCK

Denken. Bevor Sie mit dem Planen beginnen, schalten Sie eine Denkpause ein. Halten Sie sich noch einmal das Ziel und die neu gewonnenen Informationen vor Augen und verschaffen Sie sich einen Überblick über sämtliche Aspekte des Projektes. Bedenken Sie andere längerfristige Ziele, und beziehen Sie auch die äußeren Bedingungen mit ein. Durch diese Gesamtschau kann es sich ergeben, dass sich die Zielsetzung verändert und unter Umständen sogar neu formuliert werden muss.

Sich in der Denkpause einen Überblick zu verschaffen, ist nicht nur wichtig für das Konzipieren und Planen, sondern auch befreiend für die Psyche. Ein Maschineningenieurstudent, den ich über seine Vorbereitung auf das Vordiplom befragte, meinte dazu: »Ich habe zuerst auf zwei Seiten eine Art Inhaltsverzeichnis des Skripts gemacht. Das verschaffte mir einen Überblick und Erleichterung, ich hatte den Eindruck, die Hälfte sei schon gemacht.«

Sobald Sie sich den Überblick verschafft haben, können Sie Ihr Projekt konzipieren und die Vorgehensweise sowie spezifische Lernstrategien festlegen.

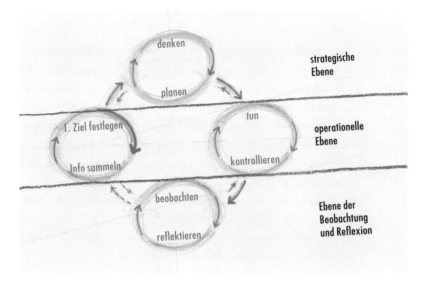

Verschiedene Ebenen im Prozesszyklus

Planen. Beim Planen müssen Sie das, was zu tun ist, mit der gegebenen Zeit in Einklang bringen. Dabei gibt es statt schöner Klänge oft Misstöne. Denn ungeübte Planerinnen und Planer unterschätzen den Zeitaufwand fast immer. Auch die eigene Leistungsfähigkeit wird oft unrealistisch eingeschätzt. Je besser Sie sich selbst kennen und je ehrlicher Sie Ihr Leistungsvermögen beurteilen, desto besser können Sie planen. Hilfreich ist das Einplanen von Etappenzielen. Vergessen Sie auch nicht, dass Pläne eine gewisse Flexibilität erlauben müssen. Seien Sie großzügig mit Zeitpuffern!

Mit der Planung sind die Vorarbeiten abgeschlossen, und die Arbeit kann angepackt werden. Dabei wird auch die Denkebene gewechselt: von der strategischen Ebene kommt man auf die operationelle Ebene, die die ausführenden Tätigkeiten umfasst. (Siehe Abbildung Seite 105.)

> *Es gibt keine Garantie dafür, dass man ein Ziel zu einer bestimmten Zeit erreicht. Aber es gibt eine Garantie dafür, dass man Ziele, die man sich nie gesteckt hat, nie erreicht.*
> DAVID MCNALLY

Tun und Kontrollieren. Im Prozesszyklus ist das Tun, also das, was bei vielen einzig als »Arbeit« gilt, lediglich einer von acht Teilprozessen. Dies hat seine Gründe: Zum einen zeigt der Zyklus die Vorgehensweise für komplexe Prozesse auf, für solche, die man noch nicht automatisch beherrscht. Aufgaben dieser Art erfordern größere Vorarbeiten. Zum anderen besteht das Tun bei anspruchsvollen Tätigkeiten wiederum aus vielen verschiedenartigen Teilschritten. Beim Lernvorgang beispielsweise werden acht verschiedene Schritte unterschieden (siehe Kapitel »Mikro- und Makroprozesse beim Lernen«).

Zum Tun gehört auch das Kontrollieren, Aufzeichnen und Protokollieren. Bei länger dauernden Projekten, wie zum Beispiel bei einer Dissertation, empfiehlt es sich dringend, die täglich aufgezeichneten Resultate in regelmäßigen Abständen zusammenzufassen. Denn selbst um das kleinste Teilexperiment planen zu können, müssen Sie sich im Klaren sein über sämtliche vorhandenen Resultate.

Auch ein Perspektivenwechsel um 180 Grad ist immer wieder angebracht: Denken Sie sich in die Abnehmer Ihrer Bemühungen hinein. »Angenommen, *ich* wäre Professor X, was würde ich den Studierenden für Prüfungsfragen stellen?« »Angenommen, *ich* wäre die Empfängerin dieser E-Mail. Würde mich der Text ansprechen?« Aus dieser Sichtweise sieht man die eigene Arbeit buchstäblich mit anderen Augen, man kommt auf Einsichten und findet Fehler, die einem normalerweise entgehen.

Dieser Perspektivenwechsel ist auch bei der Kontrolle der Arbeit vonnöten. Versuchen Sie dabei immer, das Getane aus der Perspektive des Professors, der Chefin oder des Abnehmers zu betrachten! Stellen Sie sich ganz konkret vor, Sie seien die Person, die Ihre Arbeit erhält. Wo und wie sitzt diese Person? Wie sieht der Raum aus? Welche Stimmung herrscht?

Beobachten und Reflektieren. Nach getaner Arbeit ist wiederum eine Denkpause angesagt. Nehmen Sie sich Zeit für Beobachtung und Reflexion. So können Sie nicht nur auf der Inhaltsebene kostbare Erfahrungen sammeln. Sie überdenken auch Ihre Ziele und Strategien sowie den Prozessverlauf und Ihr Verhalten. Was ist gut gelaufen? Was ließe sich optimieren? Wie könnte ich es besser machen? Die Schlüsse und die neuen Erfahrungen, die durch Beobachtung und Reflexion – auf allen Ebenen – gezogen werden, können den persönlichen Lern- und Arbeitsstil nachhaltig verbessern.

Versuchen Sie, einen Prozess aus Ihrem eigenen Erfahrungsbereich – von der Reparatur des Fahrrades über das Kochen bis zum Studieren – zu analysieren und die acht Teilprozesse aufzuzeichnen. Welche Teilprozesse könnten optimiert werden?

Prozessverlauf

Wechseln wir nun vom schematischen Prozesszyklus zu den Prozessen selbst. Stellen Sie sich einen Prozess vor, in den Sie selbst involviert waren. Zum Beispiel die Vorbereitung auf eine Prüfung, das Verfassen eines Berichtes oder das Erlernen eines Instrumentes.

Den Lernprozess angehen

Was solche Prozesse interessant macht, ist ihre evolutionäre Dynamik: Es passiert etwas, es geht vorwärts, und man ist mitten drin, liefert sich das eine Mal dem Prozess aus und gestaltet ihn ein andermal selbst. Am Ende des Prozesses ist man nicht mehr dieselbe Person wie vorher. Man hat sich weiterentwickelt, ist nun um viele Erfahrungen reicher und sieht die Welt ein Stück weit aus einer neuen Perspektive.

Ups and downs **im Prozessverlauf.** Prozesse verlaufen meist ungleichförmig, die Examensvorbereitung und das Verfassen der Semesterarbeit gehen nicht immer schön gleichmäßig voran. Es gibt scheinbaren Stillstand und Rückschritte; es gibt Höhenflüge und Tiefschläge. Auf Tage, an denen man überraschende Fortschritte macht, folgen solche, an denen man nicht vom Fleck kommt. Jeder und jede hat dies schon erlebt.

Hindernisse beleben die Energie und schärfen die Klugheit.
WILHELM VON HUMBOLDT

Aber nicht alle Menschen lernen dabei etwas. Diejenigen, die die Fähigkeit haben, dieses Wechselspiel bejahend in ihr Erfahrungsrepertoire aufzunehmen, sind in anderen Situationen, in denen sie nicht weiterkommen, geduldiger. Ihre Gelassenheit beruht auf dem Vertrauen in den Prozess. Sie wissen aus Erfahrung, dass es, wenn man dranbleibt, plötzlich wieder weitergehen kann.

Wie oft fangen doch die Einführung, ein Fach oder ein Vorlesungszyklus ganz harmlos an. Es ist zunächst alles interessant und einleuchtend. Doch allmählich kommen abstrakte Begriffe und mehr und mehr Symbole dazu, und plötzlich realisiert man, dass man gar nichts mehr begreift. Was tun? Dranbleiben und nicht locker lassen! Bis die Symbole vertraut sind. Auch zu abstrakten Begriffen lässt sich ein passendes Bild oder eine Analogie finden! Vielleicht sind dazu Gespräche mit Mitstudierenden oder das Konsultieren weiterer Bücher nötig.

Doch es lohnt sich. Denn wer ganz bewusst auch nur ein einziges Mal eine solche Lernkrise überwunden hat, wird es auch beim nächsten Mal wieder versuchen. Und von Mal zu Mal wird es besser gehen.

Es gibt noch weitere Schwierigkeiten und Probleme in einem Prozessverlauf. Man kann sich zum Beispiel in einer Prüfungsvorbereitungsphase nicht konzentrieren, bringt die Disziplin nicht auf oder ist von der Stoffmenge überwältigt.

Interessant ist, dass gerade solche Probleme und Unsicherheiten große Bedeutung haben. Warum? Schwierigkeiten beim Lernprozess zeigen etwas Ähnliches auf wie Sportverletzungen: Sie weisen auf Schwachstellen hin, an denen man noch arbeiten muss. Diese können wohl manchmal übergangen oder bagatellisiert werden. Der Gesamtprozess ist dadurch nicht unbedingt gefährdet. Aus der Welt geschafft sind sie jedoch nicht, und sie tauchen unweigerlich wieder auf. Setzt man sich mit den Schwierigkeiten im Prozess auseinander, gewinnt man gleich in mehrfacher Hinsicht: Es ist zunächst befriedigend, eine Verbesserung zu sehen. Dann wirkt sich die Verbesserung auch bei späteren Prozessen aus, sie ist nachhaltig. Und schließlich gewinnt der Prozess durch die Erfahrung der Auseinandersetzung an Tiefe.

Tiefe der Erfahrung. Eine Erfahrung kann einen tiefen, bleibenden Eindruck hinterlassen oder eher oberflächlicher Natur sein. Mir wurde das einmal sehr stark bewusst. Im Sommer 1980 reisten mein Mann und ich durch den Westen von Amerika. Unter anderem fuhren wir auch zum Grand Canyon. Trotz der heißen Jahreszeit beschlossen wir, die 1500 Höhenmeter zum Rio Grande hinabzusteigen. Wir brachen am frühen Morgen auf, und die Temperatur war noch ganz angenehm. Doch

Den Lernprozess angehen

wir merkten, dass es allmählich heiß wurde. Unten beim Fluss angekommen, machten wir eine kurze Rast. Es war nun drückend heiß, die Sonne brannte unbarmherzig, und es wehte in der Tiefe des Canyon natürlich kein Lüftchen. Da überall vor dem mühsamen Aufstieg gewarnt wurde, wagten wir es nicht, die größte Hitze vorübergehen zu lassen und erst am späten Nachmittag aufzusteigen. So machten wir uns um zwölf Uhr mittags auf den Weg nach oben, und es wurde zu einem endlos scheinenden *high noon*: wir vernahmen nachher, dass an diesem Tag ein Hitzerekord erreicht worden war, an gewissen Stellen wurden bis zu 43 °C gemessen.

Drei Jahre später fuhr ich zusammen mit meiner Schwester wiederum zum Grand Canyon. Es war Juni und die Temperatur war sehr angenehm. Da meine Schwester Höhenangst hat, wanderten wir lediglich dem Canyonrand entlang. Die Sicht war prächtig und die Farben des rötlichen Felsens leuchteten sehr intensiv. Doch irgendwie fehlte mir nachher etwas. Ich hatte den Grand Canyon gar nicht erlebt und erfahren. Es war diesmal lediglich, als ob ich ein schönes dreidimensionales Bild gesehen hätte.

Wenn man sich in den Prozess hineinbegibt, sich ihm aussetzt und ihn lebt und auch den Schwierigkeiten ganz bewusst ins Auge sieht, erlebt und erfährt man ihn tiefer. Achtet man während einer Prüfungsvorbereitungsphase zum Beispiel bewusst auf die Selbstdisziplin, kann sich dies bereits positiv auswirken. Denn schon das Erkennen und Wahrnehmen von Problemen kann einen Prozess in Gang setzen, der zur Lösung beiträgt.

Entweder wir finden einen Weg oder wir machen einen.
HANNIBAL

Disziplinierte Flexibilität. Ein anderes Merkmal von Prozessen ist, dass sie sich nicht bis ins letzte Detail voraussehen und vorausplanen lassen. Sie bilden vielmehr ein Gebilde von vorgegebener Struktur, Überraschungen und Zufällen. Letztere können eine Eigendynamik entwickeln, es kann zu Umwegen und Abweichungen kommen. Aus diesem Grund benötigt ein Prozess auch eine flexible Zielsetzung (Zielraum), die dieser Dynamik Rechnung trägt.[2] Die Skizze soll dies illustrieren:

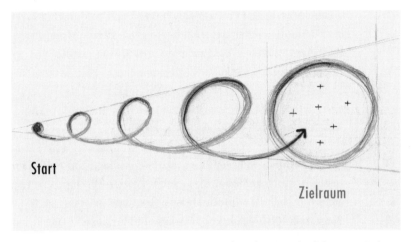

Mit disziplinierter Flexibilität zum Zielraum

Statt geradlinig auf ein starres Ziel zuzusteuern (und daran vorbeizuschießen), bewegen wir uns mit disziplinierter Flexibilität auf den Zielraum zu. Das heißt, wir konzentrieren uns auf das Wesentliche, behalten das Ziel ständig im Auge und beziehen gleichzeitig auch Unerwartetes in den Prozess mit ein.

Bei der Vorbereitung auf ein Examen zum Beispiel kann der Zielraum einem bestimmten Notenbereich (beziehungsweise Wissensstands-Bereich) entsprechen. Dieser Bereich muss während der Vorbereitungsphase ständig im Auge behalten werden – selbst wenn man ab und zu abschweift.

Ausstrahlung. Ein ganz anderer Aspekt von Prozessen ist deren Ausstrahlung auf andere Lebensbereiche. Wenn Sie, wie zum Beispiel Gerd Binnig mit seinem Geigenspiel, in einem Prozess, der Sie begeistert, drin sind, wirkt dies energetisierend. Sie haben auch für anderes mehr Energie und Lust. Ich habe diese Erfahrung immer und immer wieder gemacht: in Zeiten hoher Intensität in einem Bereich werde ich bald auch aktiver in anderen Belangen; das eine führt zum anderen. Mein aktives Radfahren in Phasen der Prüfungsvorbereitung ist ein typisches Beispiel dafür.

Arbeit oder Spiel – oder Arbeitsspiel?

Die Manier will immer fertig sein und hat keinen Genuß an der Arbeit. Das echte, wahrhaft große Talent aber findet sein höchstes Glück in der Ausführung.
GOETHE ZU ECKERMANN

Ich habe Ihnen nun viel über Prozesse erzählt, und Sie haben wahrscheinlich gemerkt, dass ich ein Prozess-Fan bin. Ich mag nicht nur Ziele, Endprodukte und Resultate, sondern auch die Wege, die dorthin führen. Sie werden sich vielleicht fragen, ob es für mich denn auch ein Leben außerhalb der Prozesse gibt oder ob dieses zyklische Prozess-Schema, das mit dem Zielsetzen beginnt und über insgesamt acht Stufen zum Reflektieren führt, nicht etwas überstrukturiert sei und allzu viel Arbeit und wenig Spaß bereitet. Ich will versuchen, im Folgenden diese Fragen zu beantworten.

Die höchste Erziehung ist die, welche sich nicht darauf beschränkt, uns Kenntnisse zu vermitteln, sondern die unser Leben in Harmonie bringt mit allem Sein.
RABINDRANATH TAGORE

Gibt es ein Leben außerhalb der Prozesse? Und ob! Wir haben einen Prozess als den Ablauf einer Reihe von Aktivitäten im Hinblick auf ein Ziel definiert. Nun, es muss längst nicht alles, was wir tun, zielgerichtet sein. Der Mensch braucht für sein normales Funktionieren immer wieder einfache, unstrukturierte Aktivitäten wie zum Beispiel im Straßencafé sitzen und mit anderen plaudern, fernsehen, oder zu Hause herumhängen und tagträumen.

Dann gibt es Aktivitäten, die einer Absicht oder einem Ziel folgen. Dazu gehören unumgängliche Tätigkeiten wie Zähneputzen, Aufräumen oder einen Knopf annähen. Es können aber auch Aktivitäten sein, die inspirieren oder größere Prozesse unterstützen. Ich kenne eine Künstlerin, die regelmäßig Übungen macht im Freihandzeichnen, um in ihren eigentlichen Prozess hineinzukommen. Sie findet zudem Inspiration aus Büchern und besucht regelmäßig Ausstellungen. Leider gibt es keine anregenden Lernausstellungen, die zeigen, wie andere den Wissenserwerb anpacken. Doch es gibt eine Reihe praxisbezogener Bücher über das Lernen[3], man kann mit anderen über die Lernerfahrungen diskutieren oder sich wie die Künstlerin das Freihandzeichnen vornehmen: Mindmaps skizzieren, Gedächtnisübungen machen, etwas am Computer nach dem Prinzip von *trial and error* ausprobieren oder ein Gedicht schreiben über das Gehirn – vielleicht wird es so schön wie das folgende, das Emily Dickinson im Jahr 1862 geschrieben hat:[4]

> The Brain – is wider than the Sky –
> For – put them side by side –
> The one the other will contain –
> With ease – and You – beside –
>
> The Brain is deeper than the Sea –
> For – hold them – Blue to Blue –
> The one the other will absorb –
> As Sponges – Buckets – do –

> The Brain is just the weight of God –
> For – Heft them – Pound for Pound –
> And they will differ – if they do –
> As Syllable from Sound –

Im Kontinuum zwischen den einfachen, unstrukturierten Aktivitäten einerseits und den komplexen, zielgerichteten Prozessen andererseits findet man nicht nur Skizzen, Gedächtnisübungen und Poesie; man findet auch Spiele.

Viel Arbeit und zu wenig Spiel? Was ist überhaupt Arbeit, und was ist Spiel? Wenn man darüber nachdenkt, merkt man, dass die Frage eher so lauten müsste: wann empfinde ich etwas als Arbeit, wann als Spiel?
Als Spiel gilt etwas, was man freiwillig tut und dazu intrinsisch, also von innen heraus, motiviert ist. Ein Spiel kann hingegen als Arbeit empfunden werden, wenn die Motivation von außen kommt. Zum Beispiel, wenn drei Kollegen Karten spielen wollen, dazu einen Vierten brauchen, und uns überreden, doch mitzumachen.
Umgekehrt kann Arbeit auch als Spiel empfunden werden. Je stärker die intrinsische Motivation ist, desto eher kann dies der Fall sein. Arbeit als Spiel zu empfinden bedeutet, Fantasie, Lust, Stimulation und Leidenschaft zu spüren. Man verhält sich risikofreudiger und verzeiht sich selbst eher einmal einen Fehler.
Es liegt an Ihnen, die Arbeit als Spiel aufzufassen. Probieren Sie es! Machen Sie aus der Arbeit ein Arbeitsspiel und aus dem Lernen ein Lernspiel!

Geistige Flexibilität

Wenn Sie einen Stein ins Wasser werfen, breiten sich die Wasserringe unaufhörlich in allen Richtungen aus. Selbst ein Hindernis stoppt das stetige Ausbreiten nicht; die Wellen umgehen es elegant und bewegen sich unbeirrt weiter.

Ähnlich ist es bei einem Prozess. Wenn Sie zum Beispiel einen Bericht verfassen müssen, bewegt sich nicht nur die Zeit stetig vorwärts. Auch Ihre Arbeit wird – beginnend mit dem Steinwurf – immer umfangreicher, setzt Ring um Ring an und setzt sich unaufhörlich fort wie die Welle.

Im Wasser gibt es jedoch nicht nur die horizontale Bewegung, das Ausbreiten. Denn die einzelnen Wassermoleküle bewegen sich in der Vertikalen. Gibt es – in Analogie dazu – bei einem Prozess ebenso eine vertikale Bewegung? Eine, die nicht ohne weiteres wahrnehmbar und dennoch für das Fortschreiten unabdingbar ist?

Diese vertikale Bewegung gibt es: Es ist das ständige Oszillieren zwischen den verschiedenen Ebenen des Denkens und des Tuns. Beim Verfassen der schriftlichen Arbeit leisten Sie strategische Denkarbeit; Sie setzen Ziele und Teilziele fest und überlegen die Vorgehensweise. Sie konzipieren die Struktur der Arbeit, befassen sich mit dem Inhalt, dem Textprogramm und dem Drucker, der leider nicht funktionieren will. Sie versuchen, Ihre Gedanken schriftlich auf die Reihe zu bringen, kontrollieren die Rechtschreibung und polieren die Sätze. Dazwischen müssen Sie sich selbst motivieren, das große Ziel im Auge behalten, immer wieder Zwischenziele setzen und sich ständig fragen, wie die Professorin dies und das wohl beurteilen würde. Kurz: Sie müssen im Kopf laufend umschalten – geistige Flexibilität ist gefragt.

Wer geistig flexibel ist, kann blitzschnell umdenken und sich auf eine neue Situation, eine veränderte Betrachtungsweise einstellen: von der eigenen Sichtweise auf die des Professors, vom Analysieren einer Situation auf deren Steuerung oder vom rationalen Denken auf Gefühle und Sinnesempfindungen.

Oft geht die geistige Flexibilität einher mit dem Umstellen auf eine andere **geistige Disposition**. Mit der geistigen Disposition ist die **momentane mentale Einstimmung** gemeint. Diese ist beim Reparieren des Druckers anders als beim Redigieren des Textes und wiederum verschieden beim Korrigieren der Arbeit, oder beim Überlegen der wesentlichen Aussagen.

Geistig flexibel zu sein ist anstrengend. Es braucht viel Energie und inneren *drive*. Und diese Energie aufzubringen ist nicht immer einfach! Doch wie so vieles kann auch geistige Flexibilität geübt werden. Genau so, wie körperliche Beweglichkeit und Geschmeidigkeit verbessert werden kann, ist es möglich, durch Training den Energieaufwand, den die geistige Flexibilität erfordert, zu verkleinern.

Wir werden zunächst ein kleines Experiment machen, das aufzeigen soll, unter welchen Umständen uns das geistige Umschalten Spaß macht und wo es unangenehm ist. Schließlich werden wir drei typische Beispiele der geistigen Flexibilität, den Perspektivenwechsel, das Zoomen sowie das Umschalten von der kognitiven auf die metakognitive Ebene, betrachten.

Ein kleines Experiment

In diesem Experiment geht es darum, dass Sie zunächst einige Erfahrungen mit geistiger Flexibilität machen. Sie werden sich in Gedanken verschiedene Situationen mit einem Baum bildlich vorstellen müssen. Achten Sie beim Aufbau der visuellen

Geistige Flexibilität

Vorstellung darauf, wie Sie das geistige Umschalten und das Einstellen auf die neue Aufgabe empfinden. Wenn dann das neue Bild deutlich und klar da ist – und erst dann! –, beurteilen Sie den Schwierigkeitsgrad nach folgender Skala:

sehr einfach			mittlerer Schwierigkeitsgrad				sehr schwierig		
1	2	3	4	5	6	7	8	9	10

	Tragen Sie die Punkte in die Kästchen ein. Sind Sie bereit? Dann beginnen wir mit dem Experiment:	Anzahl der Punkte
1	Stellen Sie sich eine schöne, stattliche Linde mitten in einer großen sommerlichen Waldlichtung vor.	
2	Betrachten Sie die Linde nun so, als ob Sie ein Bild mit dem Titel »Linde in Waldlichtung« malen müssten.	
3	Legen Sie sich jetzt in Gedanken unter die Linde und schauen Sie ins Geäst. Wie sähe das Bild des Geästes im Winter aus?	
4	Fahren Sie mit der Hand über die Rinde des Stammes, bis Sie die raue Oberfläche im Geist spüren.	
5	Ziehen Sie den Lindenblütenduft ein, bis Sie ihn in Gedanken riechen.	
6	Stellen Sie sich vor, Sie nähmen eine Lupe zur Hand.	
7	Betrachten Sie die Rinde mit der Lupe. Wie sieht das vergrößerte Bild aus?	
8	Fliegen Sie nun über die Lichtung, bis Sie den Überblick über den ganzen Wald haben und die Linde nur noch als Punkt erscheint. Wie sieht dieser Überblick aus?	
9	Fliegen Sie jetzt noch höher. Stellen Sie sich eine bestimmte Landschaft rund um den Wald vor. Machen Sie sich ein genaues Bild davon.	

Den Lernprozess angehen

Wie war es? Welche Wechsel gingen einfach, welche waren schwieriger? Welche Umstellungen vollzogen Sie nicht gern? Warum?

Der Hauptzweck dieses Experimentes besteht darin, sich selbst zu beobachten und sich bewusst zu machen, dass das geistige Umstellen und das Einstellen auf etwas Neues nicht immer gleich gut geht und dass es manchmal als angenehm und manchmal als unangenehm empfunden wird.

Für mich war zum Beispiel Aufgabe 7, als ich mir das vergrößerte Bild der Rinde vorstellen musste, nicht einfach. Es dauerte auch eine Weile, bis das Bild der Landschaft rund um den Wald (Aufgabe 9) entwickelt war, und ich merkte dabei, dass es ziemlich mühsam war, das Bild im Geist aufzubauen, und ich tat es nicht so gerne. Hingegen »sah« ich die Linde sofort (Aufgabe 1), und im Geist die Lupe zur Hand zu nehmen war überhaupt nicht schwierig (Aufgabe 6).

Jeder, der aufhört zu lernen, ist alt, mag er zwanzig oder achtzig Jahre zählen. Jeder, der weiterlernt, ist jung, mag er zwanzig oder achtzig Jahre zählen.
HENRY FORD I.

Ich habe das Experiment mit zwei Versuchspersonen, Karl und Christopher, gemacht, und es war sehr spannend! Ich sagte beiden, dass die Zeit keine Rolle spiele. Sie sollten sich für die Entwicklung der Vorstellung Zeit lassen; ich würde die nächste Aufgabe erst stellen, wenn sie die Punktzahl notiert hätten. Aber natürlich achtete ich darauf, wie lange dies dauerte.

Meine Hypothese beim Entwickeln des Experimentes war die folgende: Wenn man Vorstellungen im Geist zuerst konstruieren muss, dauert es viel länger und es wird als schwieriger und unangenehmer empfunden, als wenn die Vorstellung bereits vorhanden ist und man sie bloß abrufen muss. Deshalb staunte ich, als Karl bei Aufgabe 9 (Flugbild mit Wald) die Beurteilungspunkte sehr schnell notierte. Bei der Diskussion zeigte sich, dass er eine ihm wohl bekannte Flugaufnahme abrufen konnte.

Geistige Flexibilität

Christopher war sehr schnell bei Aufgabe 3, dem Blick ins Geäst von unten. Er schmunzelte bereits bei der Punktvergabe vor sich hin und erklärte am Schluss, warum er so schnell gewesen war: »Ich lege mich eben häufig unter einen Baum und schaue einfach ins Geäst.« Beim Flugbild von der Landschaft rund um den Wald (Aufgabe 9) war er auch sehr schnell – kein Wunder! Denn er wohnt im Wallis und der Blick von oben ist ihm sehr vertraut. Die große Überraschung beim Experiment mit Christopher erlebte ich jedoch bei Aufgabe 7, der Konstruktion des vergrößerten Bildes der Baumrinde. Da war er unglaublich schnell und seine Erklärung ist interessant. Er hat noch nie eine Baumrinde mit der Lupe betrachtet. Aber er hat viele Jahre Briefmarken gesammelt und ist an den Blick durch die Lupe gewöhnt, so dass er sich auch andere Dinge sehr schnell vergrößert vorstellen kann.

Die beiden Versuchsmänner fanden übereinstimmend, dass ihre Punktzahl mit dem Spaß korreliert: Je schneller und einfacher sie ein Bild abrufen konnten, desto mehr Spaß machte es ihnen. Hingegen empfanden sie die Aufgaben, bei denen ihr Geist erst mühsam eine Vorstellung konstruieren musste, eher als unangenehm.

Was wurde durch dieses kleine Experiment zur geistigen Flexibilität veranschaulicht?

Unser Geist kann gut und gerne auf eine andere Sicht umschalten, wenn er die neue Vorstellung leicht abrufen kann. Je vertrauter uns die Sichtweise bereits ist und je klarer ein Bild oder ein Gedankenkonstrukt ist, das wir schon haben, desto besser lässt es sich abrufen. Wenn wir also zum Beispiel bereits geübt sind, unser Schreiben aus der Sicht der Leserinnen und Leser zu beurteilen, fällt uns das Umschalten auf Leserperspektive leicht. Genauso kann der Wechsel vom Detail zum großen Überblick einfach sein – sofern uns der Überblick vertraut ist.

 Machen Sie das kleine Experiment mit Freunden und hören Sie sich am Schluss ihre Erklärungen an – Sie werden noch einiges entdecken!

Betrachten wir nun noch andere Erscheinungsformen der geistigen Flexibilität: den Perspektivenwechsel, das Zoomen sowie den Wechsel der Denkebene.

Perspektivenwechsel

 Sehen Sie sich in Ihrem Raum einmal um und achten Sie nur auf die horizontalen Linien. Betrachten Sie die geraden, geschwungenen und gezackten Linien; die Waagerechten der Fenster und Türen und den gewellten Rand der Vorhänge.

Unser Ziel ist nie ein Ort, sondern eine neue Art, die Dinge zu sehen.
HENRY MILLER

Wechseln Sie dann Ihre Perspektive und suchen Sie Muster: die Maserung der Tischplatte, das linierte Papier, den Verputz an der Wand, den matten Anstrich des Korpus, das Ornament auf dem Teppich.

Wenn Sie den Raum nach allen Mustern abgesucht haben, wechseln Sie die Sichtweise nochmals, und achten Sie auf Licht und Schatten im Raum, auf die helleren und dunkleren Stellen und deren Übergänge. Zeichnen Sie dies im Geist auf.

Sie haben nun Ihren vertrauten Raum mit neuen Augen betrachtet und ihn buchstäblich in einem anderen Licht oder aus einer anderen Perspektive gesehen. Etwas mit andern Augen zu sehen, in neuem Licht zu betrachten, ist auch für das Lernen von großer Bedeutung. Wenn Sie den Lernstoff immer wieder auf neue Art und Weise angehen, ist dies für den Geist ausgesprochen stimulierend. Es ist, als ob Sie statt auf der Autobahn auf einem Nebensträßchen durch die Lernlandschaft fahren würden: Sie sehen so den Lernstoff aus einer neuen und überraschenden Optik. Benutzen Sie immer wieder neue Sträßchen durch Ihren Lernstoff. Die neue Sichtweise bringt Abwechslung und macht den Lernstoff interessanter und einprägsamer. Wohl am einfachsten gelangt man zu neuen Perspektiven, wenn man den Stoff mit Kolleginnen und Kollegen diskutiert. Eine andere Möglichkeit ist der Vergleich verschiedener Texte zu demselben Thema. Am anspruchsvollsten ist das Lesen ein und desselben Textes – jedoch mit bewusst veränderter geistiger Disposition. Versuchen Sie zum Beispiel einmal den Text so zu lesen, als ob Sie ihn vom Autor als persönlichen Brief bekommen hätten. Oder gehen Sie den Text durch, als ob Sie morgen vor einer Gymnasialklasse darüber referieren müssten. Vielleicht probieren Sie auch, den Text so zu lesen, als wäre es das allererste Mal.

Zoomen

Was beim Perspektivenwechsel eine neue Route durch die Landschaft des Lernstoffes ist, ist beim Zoomen das Umstellen vom Beobachten der Spitze eines Grashalms irgendwo in dieser Landschaft hin zum großen Überblick über ganze Landstriche und wieder zurück. Das Zoomen entspricht dem Wechsel vom Blick auf das Detail zum Überblick über das gesamte Gebiet oder dem Übergang vom analytischen zum ganzheitlichen Denkstil und umgekehrt. Beim Zoomen bewegen wir uns gleichsam auf der Vertikalen in der Lernlandschaft auf und ab. Das Zoomen geht jedoch mit dem Fotoobjektiv sehr viel leichter als im Kopf. Der geistige Fokuswechsel vom Detail auf den Überblick bereitet vielen Menschen Mühe! Ich beobachte oft bei Studierenden, wie sie sich zum Beispiel bei der Prüfungsvorbereitung im Gestrüpp der Einzelheiten verlieren und ihnen der Blick für das Ganze fehlt. Im Berufsleben verstärkt sich diese Neigung zum Detail weiter; das Zoomen vom kleinen Fragment zum großen Überblick über das ganze Projekt oder gar darüber hinaus schaffen viele nicht.

Die Amerikaner nennen die Detailsichtweise *tunnel vision*. Wie bei einem Blick durch einen Tunnel sieht man nur einen kleinen Ausschnitt. So eng sehen es die meisten zwar nicht; sie bemühen sich eher, durch einen Trichter zu schauen. Doch gucken Sie einmal durch die Spitze eines Trichters nach oben: auch wenn der Wille vorhanden ist, den Blick auszuweiten, werden Sie trotzdem nur den kleinen Tunnel-Ausschnitt sehen. Wenn man den Gründen nachgeht, warum das Zoomen vom Detail auf den großen Überblick selbst für ganzheitliche Denkerinnen und Denker oft schwierig oder gar unmöglich ist, fällt Folgendes auf: Der große Überblick ist nicht als fertiges Bild oder Gedankenkonstrukt im Gedächtnis gespeichert. Er will zuerst noch geschaffen sein. Doch um den Überblick zu erhalten, braucht es viel Denkarbeit. Und oft sind nicht einmal alle Teile, die man dazu braucht, im Gedächtnis vorhanden. Die fehlenden Fragmente müssten in Unterlagen nachgeschlagen und zusammengefasst werden.

Sie haben beim Experimentieren mit dem Lindenbaum gesehen, dass man Dinge, von denen man im Geist bereits ein Bild hat, viel leichter abrufen kann. Christopher sah das durch die Lupe vergrößerte Bild der Baumrinde vor seinem geistigen Auge so schnell, weil er in seinem Kopf Grundmuster von Lupenvergrößerungen hat. Karl konnte sich so rasch die ganze

Landschaft um den Wald vorstellen, weil er nur eine ihm wohl bekannte Luftaufnahme im Geist abrufen musste.

Was lassen sich daraus für Schlüsse im Hinblick auf das Zoomen ziehen?

Wenn Sie den Blick über das Ganze noch nicht haben, müssen Sie ihn konstruieren. Zeichnen Sie den großen Überblick über Ihren Lernstoff oder Ihr Projekt als geistige Landkarte, als Mindmap[5], oder als schematische, strukturierte Darstellung auf. Stellen Sie sich das Bild immer wieder vor, pinnen Sie die Mindmap an die Wand. Und ergänzen Sie das Bild auf dem Papier und im Kopf, wenn etwas Neues dazukommt.

Wechseln der Denkebene: von der Kognition zur Metakognition

Das Wechseln der Denkebene möchte ich anhand eines Beispiels erläutern, das für das Lernen und Arbeiten von ganz besonders großer Bedeutung ist. Es ist der Wechsel von der kognitiven auf die metakognitive Ebene.

Die mentalen Vorgänge, bei denen Wissen aufgebaut wird, also unser Denken und Lernen, nennt man **kognitive Prozesse**. Wenn Sie zum Beispiel am Schreibtisch sitzen und sich in ein Kapitel über Wissenschaftsgeschichte des 17. Jahrhunderts vertiefen, laufen verschiedene kognitive Prozesse ab: Sie beginnen mit der Wahrnehmung des Textes, verknüpfen ihn mit Ihrem Vorwissen, ordnen die Information im Geiste und memorieren das Ganze. Sie sehen vor Ihrem geistigen Auge Isaac Newton mit seiner gewaltigen Lockenperücke und das Jahr 1687. Reminiszenzen aus der Geschichte des 17. Jahrhunderts tauchen auf, und Sie suchen im Gedächtnis nach Ihrem Wissen über

Jeder Tag ist ein Lehrer, der lehrt, was kein anderer Tag lehrt.
JOHANN KASPAR LAVATER

Den Lernprozess angehen

Gravitation. Dabei erinnern Sie sich an Episoden aus dem Physikunterricht. Dann kommen Ihre Gedanken für ein paar Augenblicke wieder zurück zum Text aus der Wissenschaftsgeschichte und Sie nehmen weitere Informationen auf.

In der beschriebenen Situation sind Sie völlig in die inhaltliche Ebene, die Ebene der Kognition, vertieft. Ihre ganze Aufmerksamkeit gilt dem Thema; Sie nehmen weder sich selbst noch die Umgebung bewusst wahr. Wenn Sie aus diesem selbstvergessenen Zustand zurückkommen, eine Pause machen und überlegen, wie viel Zeit Sie noch zur Verfügung haben, um das Kapitel fertig zu bearbeiten, und sinnieren, wie die Gedanken kamen und gingen, haben Sie auf eine höhere Denkebene gewechselt. Sie sind vom Denken zum Denken *über* das Denken gekommen, von der Kognition zur Ebene der **Metakognition**. Metakognitive Prozesse, wie zum Beispiel Probleme erkennen und lösen oder die Reflexion, gehören zu den höheren Denkprozessen. Metakognitive Prozesse sind gleichsam die Chefs der kognitiven Prozesse. Sie sind diejenigen, mit denen Sie Ihr Lernen beobachten, planen, kontrollieren und steuern.

Klar sieht, wer von ferne sieht, und nebelhaft, wer Anteil nimmt.
LAO-TSE

Metakognition beinhaltet aber auch das Wissen über unser Wissen und unser Gedächtnis, das Wissen über unsere Erfahrungen und über unser Können. Auch das Wissen, wie, wann und warum man bestimmte Lernstrategien einsetzt, gehört zur Metakognition.

Metakognitives Wissen und metakognitive Kontrolle sind äußerst bedeutsam für qualitativ gutes Lernen. In der letzten Dekade ist auf diesem Gebiet einiges erforscht worden und es zeigt sich, dass gute Lernerinnen und Lerner vor allem metakognitive Steuerungs- und Kontrollprozesse besser im Griff haben und Strategien flexibler anwenden als ihre weniger erfolgreichen Kollegen.

Metakognitives Wissen lässt sich nicht so leicht erwerben wie eine Sprache oder Geschichte. Es wird allmählich durch Selbstbeobachtung, Reflexion und Erfahrungsaustausch mit anderen erworben. Auch Selbstgespräche in schwierigen Lernsituationen und das Führen eines Lernjournals über einen längeren Zeitraum tragen zum metakognitiven Wissen und zur besseren Nutzung metakognitiver Kontrollprozesse bei.[6]

Hand aufs Herz: Haben Sie schon begonnen, ein Lerntagebuch zu führen? Falls nicht – tun Sie's, Sie werden es nicht bereuen!

Mikro- und Makroprozesse beim Lernen

Die großen Anforderungen, die beim Lernen an die geistige Flexibilität gestellt werden, machen den Wissenserwerb so viel schwieriger als Sport treiben, kochen oder im Labor arbeiten.
Denn wenn man sich auch nur für eine einzige Stunde an den Schreibtisch setzt, laufen gleichzeitig zahlreiche Prozesse auf vielen verschiedenen Ebenen ab. Auf der Inhaltsebene sind es viele Mikroprozesse: aktivieren von Vorwissen, elaborieren, reduzieren und strukturieren. Selbst das Verstehen eines einzigen Satzes oder das Einprägen eines einzelnen Fremdwortes sind Kleinst-Prozesse für sich.
Wir werden nun diese Prozesse etwas genauer anschauen, um uns dann im Teil 4 »Inhalte erarbeiten« noch gründlicher damit auseinander zu setzen. Zunächst aber wenden wir uns dem Lernen als aktivem Konstruktionsprozess zu.

Den Lernprozess angehen

Lernen ist ein aktiver Konstruktionsprozess

Explorative Lernerinnen und Lerner gehen den Wissenserwerb als aktiven Konstruktionsprozess an. Sie bauen ganz bewusst ihr Wissensnetz und ihre Vorstellungen, die sie von bestimmten Begriffen wie zum Beispiel Unschärferelation, Zitronensäurezyklus oder Proteinsynthese haben, auf oder aus.

Zwar weiß ich viel, doch möcht ich alles wissen.
GOETHE, »FAUST«

Ihr Ziel ist es, im Kopf Wissensstrukturen zu schaffen, die sich nicht nur gut speichern, sondern sich auch leicht wieder abrufen und wiedergeben lassen. Sie erinnern sich an das Gedankenexperiment mit der Linde: Was bereits als Bild oder Konstrukt in Ihrem Kopf vorhanden ist, lässt sich sehr leicht abrufen.

Ein Mathematikstudent und eine Medizinstudentin sehen den Konstruktionsprozess so:

- Mathe macht mir Spaß, wenn ich mir Zeit nehme und ich mich ausführlich mit dem Thema auseinander setze. Ich entwickle allmählich klare Strukturen, und alles steht wie ein Gerüst vor meinen Augen. Dann kann ich darin herumturnen und habe Spaß dabei.

- Ich sitze gerne am Tisch zwischen Stapeln von Büchern und Papieren und arbeite mich quer durch den Stoff. Es gefällt mir besonders, Zusammenhänge zu begreifen und eine Art Netz entstehen zu lassen.

Die beiden setzen sich mit dem Thema auseinander und konstruieren sich aktiv ihr Wissen, das sie wie ein Gerüst vor Augen haben.

Was heißt nun aber »aktiv«? Um Ihnen dies zu erläutern, beginne ich zunächst mit dem Gegenteil; ich zitiere im Folgenden passive Lernerinnen und Lerner:[7]

- Ich kann einen Text lesen und weiss danach genau gleich viel wie zuvor, da ich zu wenig konzentriert lese.
- Ich sitze vor einem Buch und lese eine Seite – am Schluss weiss ich jedoch nicht mehr, was der Inhalt des Textes war.
- Frustrierend ist, wenn ich mich am Abend ertappe, dass ich heute zwar sieben Stunden gelernt habe, aber kaum Relevantes und Wichtiges hängen geblieben ist.
- Frustrierend ist, wenn ich stundenlang gelesen, am Schluss aber nichts mitgenommen habe. Es fällt mir manchmal schwer, mich auf einige wenige Kapitel zu konzentrieren. Stattdessen werde ich nervös und überfliege viel zu viel Stoff, der dann nicht hängen bleibt.

Diese jungen Frauen und Männer wussten offensichtlich gar nicht, was sie vom Stoff wollten. Sie haben ihn wahllos aufgesogen, wie ein Schwamm Wasser aufsaugt.

Wer das Lernen aktiv angeht, hat ein Ziel vor Augen. Zum Beispiel: »Ich will wissen, was die wichtigste Aussage dieser zwei Seiten Text ist, und sie mir so zurecht legen, dass ich sie nachher meiner Kollegin erzählen kann«.

Mit dieser Absicht werden Sie nicht nur ein Resultat haben. Das Wissen wird beim Zurechtlegen auch gleich strukturiert und somit viel leichter speicher- und abrufbar gemacht.

Überdenken Sie Ihr Lernen. Wie bewusst gehen Sie es als aktive Konstruktion von Wissensstrukturen an? Welche Maßnahmen könnten helfen, das Lernen aktiver anzugehen? Was könnten Sie tun, um das Gelernte strukturierter im Gedächtnis zu haben?

Die Prozesse des Wissenserwerbs

Lernen ist ein sehr komplexer Vorgang und es laufen dabei unzählige verschiedene – bewusste und unbewusste – Prozesse ab. Aus einer Flut von Informationen, aus Chaos, soll stimmige Ordnung geschaffen werden, Neues muss verstanden und in bestehendes Wissen integriert werden. Es müssen Analogien gesucht, Bilder dazu gemacht und Teile verknüpft werden. Der Stoff muss geklärt, strukturiert und hierarchisiert werden und schließlich will das Ganze so eingeprägt sein, dass es jederzeit wieder abgerufen werden kann.

Ob man sich während einer zwanzigminütigen Lernsession oder während Tagen einem Thema widmet – der Lernvorgang kann als Dreiklang »**Vorbereiten – Lernen – Memorieren**« angegangen werden. Dieser Dreiklang entspricht einem allgemeinen »**Vorbereiten – Tun – Nachbearbeiten**« aller Prozesse. Eine weitere Aufteilung des Lernvorganges kann zum Beispiel so aussehen:

Vorbereiten	Absicht festlegen
	Vorwissen aktivieren
Lernen	elaborieren / erarbeiten
	reduzieren
	strukturieren
Memorieren	einprägen / speichern
	repetieren / festigen
	rekonstruieren / abrufen

Mikro- und Makroprozesse beim Lernen

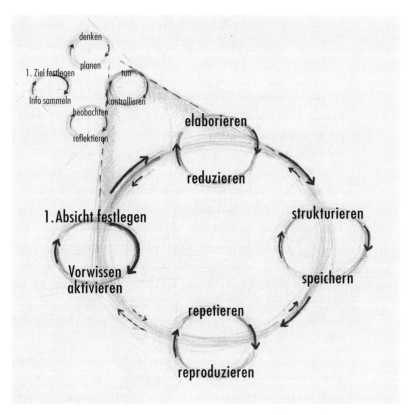

Teilprozesse beim Lernvorgang

Diese Teilprozesse laufen jedoch nicht immer Schritt für Schritt in der angegebenen Reihenfolge ab. Sie überschneiden sich, verlaufen simultan, beeinflussen sich wechselseitig, gehen einmal schneller, einmal langsamer, vorwärts, rückwärts und finden sich sowohl im Kleinen beim Erarbeiten eines einzigen Abschnittes wie auch im Großen beim Lernen eines ganzen Gebietes.

Lernen stellt höchste Ansprüche an unsere geistige Flexibilität. Denn jeder Teilprozess erfordert eine ganz spezifische geistige Disposition. So benötigt das Festlegen einer Absicht eine andere geistige Disposition als das Aktivieren des Vorwissens oder das Einprägen: die Stimmung geht von Entschlossenheit über schweifendes Sinnieren hin zur Einstellung auf fokussierte, bewusste Aufnahme. Der Fokus muss immer wieder vom Detail auf den großen Überblick und wieder zurück zu Einzelheiten gezoomt werden. Rationales Denken und fantasievolles Suchen nach Bildern und Analogien sind genauso gefragt wie Gefühle und Zugang zu den Sinnen.

Für Explorative Lernerinnen und Lerner kommt noch eine weitere Anforderung an die geistige Flexibilität dazu: das Umschalten von der kognitiven auf die metakognitive Ebene. Man kann sich parallel zum Lernprozess den Meta-Prozess, der das Ganze beobachtet und steuert, vorstellen. Je virtuoser man sich zwischen den beiden Ebenen hin und her bewegen kann, desto wirksamer ist das Lernen.

In den Teilen 4 »Inhalte erarbeiten« und 5 »Das Vergessen nicht vergessen« werden wir auf die im Folgenden beschriebenen Teilprozesse zurückkommen.

Absicht festlegen. Eine Absicht festlegen heißt, den Vorsatz fassen, etwas Bestimmtes auszuführen. Eine Absicht ist ein rationaler, nüchterner Vorgang, der eine zielstrebige Einstellung erfordert. Zudem braucht es dabei eine Weitwinkelperspektive, denn man benötigt Überblick über den Lernstoff und das Umfeld.

Aktivieren des Vorwissens. Zum Aktivieren des Vorwissens zählen wir gleich zwei Prozesse: das In-Erinnerung-Rufen von

Gedächtnisinhalten sowie generell das Sammeln von motivierenden Zusatzinformationen zum Gebiet.

Beim Aktivieren des Vorwissens geht es um eine ganz andere geistige Disposition als beim Festlegen einer Absicht: Das Zielstrebige und Entschlossene muss einem suchenden und sinnierenden Streifen durch Vergangenes weichen. Da man sich oft zunächst an Gefühle, Geschichten und Verhaltensweisen erinnert, schafft man sich, wenn man sich den Gefühlen öffnet, den Zugang zu den Fakten. Beim Sammeln von zusätzlicher Information über das Gebiet ist hingegen eine neugierig-forschende Vorgehensweise gefragt. Das Wissen soll den Einstieg interessant und spannend machen.

Elaborieren. Beim Elaborieren wird Neues ins Vorwissen integriert. Das Elaborieren bildet den eigentlichen Kern das Lernprozesses, es ist die große Auseinandersetzung mit dem Lernstoff, das Präzisieren, das Begreifen und Verstehen. Es gleicht einem Assimilationsprozess und ist oft nicht einfach. Denn wenn das Neue nicht mit dem Vorwissen im Einklang steht, versteht man es nicht. Um es zu integrieren, muss man sich Bilder und Vorstellungen machen, nach Analogien und Beispielen suchen, vergleichen, gewichten, analysieren und in einer Synthese zusammenführen. Auch Alltagserlebnisse sowie Gefühle und Erfahrungen müssen eingebracht werden. Zum Elaborieren benötigt man sowohl den Blick fürs Ganze als auch Sinn für Details. Die geistige Flexibilität wird aber noch mehr gefordert: Man muss rational denken und gleichzeitig fantasievoll mit den Dingen umgehen können; man muß sie innerlich sehen und erleben können.

Beim Elaborationsprozess stößt das Kurzzeitgedächtnis oft an die Grenzen seiner Kapazität. Dies merkt man zum Beispiel,

Gedanken wollen oft – wie Kinder und Hunde, – daß man mit ihnen im Freien spazieren geht.
CHRISTIAN MORGENSTERN

Den Lernprozess angehen

wenn man einen Text bearbeitet, der viele Fachbegriffe enthält, die man nur vage versteht. Man kann nicht gleichzeitig der Bedeutung der einzelnen Fachbegriffe nachsinnieren, den Sinn des Textes verstehen und den Überblick über das Ganze haben.

Reduzieren. Beim Reduzieren wird Wichtiges von Unwichtigem unterschieden. Man sucht gezielt nach dem Wesentlichen und lässt Unwesentliches weg. So zum Beispiel, wenn man in einem Buch nur Titel, Überschriften, Einleitungen, Zusammenfassungen und Hervorgehobenes liest. Die geistige Disposition beim Reduzieren unterscheidet sich von der des Elaborierens. Reduzieren bedeutet rational und zielstrebig auswählen. Es ist ein Entscheidungsprozess, der dem Festlegen der Absicht nicht unähnlich ist.

Die Kunst der Weisheit besteht darin, zu wissen, was man übersehen muss.
WILLIAM JAMES

Strukturieren. Beim Strukturieren werden die Inhalte kategorisiert, generalisiert, geordnet und hierarchisiert. Dadurch erhalten sie eine gut überblickbare Form, die sich auch leicht speichern und wieder abrufen lässt. Das Erstellen von Diagrammen und Mindmaps unterstützt das Strukturieren wesentlich, ebenso das Wählen von Schlüsselwörtern.

Einprägen / speichern. Die meisten Inhalte, die umfassend elaboriert, reduziert und strukturiert worden sind, lassen sich durch wiederholtes Repetieren speichern. Manchmal gibt es allerdings einzelne Begriffe, Formeln oder Fragmente, zu denen wir wenig Bezug haben und die deshalb mehr Aufwand erfordern. Unser Geist muss dann nochmals einen Elaborationsprozess *en miniature* durchmachen. Dabei wird das Fragment mit irgendetwas Bekanntem assoziiert oder als Bildvorstellung codiert und kann so besser gespeichert werden.

Repetieren / festigen. Die Inhalte werden in progressiv größer werdenden Abständen abgerufen und, wenn nötig, nochmals eingeprägt.

Rekonstruieren / abrufen. Die Inhalte werden aus dem Gedächtnis rekonstruiert und reproduziert.

Wissen, Gedächtnis und Erinnerung

In diesem Kapitel erfahren Sie zunächst einiges über die »Produkte« der Lernprozesse, über das Wissen und die Erinnerung. Wissen ist persönlicher Reichtum, den sich jeder und jede beschaffen kann. Ich werde Ihnen Anstöße geben, sich Gedanken über die weitere Entwicklung Ihres Wissens zu machen. Auch die Qualität des Wissens wird ein Thema sein, ebenso die Schwierigkeiten bei der Anwendung des Wissens.
Das gute Erinnern kann als das eigentliche Ziel der Lernprozesse betrachtet werden. Denn das Gelernte soll früher oder später wieder abgerufen werden können. Wie soll gelernt werden, um möglichst viel in Erinnerung zu behalten? Wir werden die maßgebenden Faktoren für gutes Behalten und Erinnern aufspüren.
Vom Erinnern geht es weiter zum Gedächtnis. Ich werde Ihnen ein einfaches Gedächtnismodell vorstellen und vor allem auf die limitierte Kapazität des Kurzzeitgedächtnisses eingehen. Denn dieses Wissen ist neben den Faktoren für gutes Erinnern äußerst nützlich für effizientes Lernen.

Wissen als persönliches Online-Netz

> *I must have a prodigious quantity of mind: it takes me as much as a week sometimes to make it up.*
>
> MARK TWAIN

Der Lernprozess führt, wie andere Prozesse auch, zu Resultaten und Produkten. So, wie das Ergebnis des Kochprozesses ein schön angerichtetes Menü oder das Resultat des Schreibprozesses eine spannende Kurzgeschichte sein kann, erhält man auch beim Lernen ein Produkt. Dieses kann man sich als komplexes Netz, das unser gesamtes Wissen und Können enthält, vorstellen. Das Wissen besteht aus unzähligen verschiedenen Bezirken und Arealen, die durch eine Vielzahl von Verbindungen und Verknüpfungen miteinander vernetzt sind. Es gibt dichtere und dünnere Stellen; gewisse Bezirke kann man sich wohl strukturiert denken, einige Areale wiederum eher chaotisch. Das Wissensnetz verändert sich ständig; es wird darin laufend eingebaut, umgebaut und verändert, aber auch abgebaut und vergessen.

In dieser Dynamik ist das Wissensnetz vergleichbar mit dem Internet, jedoch mit zwei ganz gewichtigen Unterschieden: Zum einen verfügen wir größtenteils selbst über die Inputs zu unserem persönlichen *Online*-Netz. Wir haben es in der Hand, was zu unserem persönlichen Wissen und Können gehören soll. Wir können den Inhalt unseres Wissensnetzes selbst gestalten und es ganz bewusst aufbauen und ausbauen.

Zum anderen ist unser Wissen etwas ganz Persönliches und Individuelles. Wir haben eine Beziehung zu den Dingen, die wir wissen. Plato verglich Wissen sogar mit der Liebe, denn sowohl Wissende wie Liebende möchten eins werden mit dem Objekt der Zuwendung. Unser Wissen bestimmt auch, wie wir die Welt und uns selbst sehen und verstehen. Unser Wissen ist ein Teil unserer Identität. Wenn wir uns weiterentwickeln wollen, müssen wir unser Wissen und unser Können erweitern und ausbauen: Wir müssen lernen.

Wissen, Gedächtnis und Erinnerung

Zukunftspläne für das persönliche Wissen

Was möchten Sie in den nächsten Jahren lernen? Welche Bücher möchten Sie lesen? In welchen Sprachen möchten Sie sich verbessern? Welches Wissen möchten Sie weiter pflegen, was darf vergessen gehen? Was haben Sie für langfristige Pläne für Ihr Wissen und Können? Wo wollen Sie in 25 Jahren stehen? Machen Sie eine ganz simple Rechnung: Angenommen, mit 25 Jahren sei Ihr Wissensstand bei 100 Punkten. Wie entwickelt er sich weiter, wenn Ihr Wissen jährlich um einige Prozent zunimmt?

Je mehr wir in uns aufnehmen, umso größer wird unser geistiges Fassungsvermögen.
SENECA

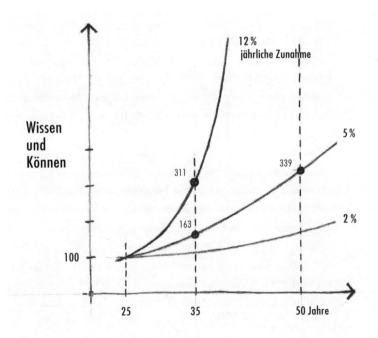

Entwicklung von Wissen und Können

Den Lernprozess angehen

Die einfache Darstellung auf Seite 135 zeigt, wie sich das stetige Lernen bezahlt macht. Bei einer angenommenen jährlichen Zunahme des Wissens um zwölf Prozent bewegen Sie sich mit 50 Jahren in einer anderen Wissensdimension. Ihr Leben, Ihr Lebensgefühl und Ihre Identität werden anders sein, als bei einer Zuwachsrate von null, zwei oder fünf Prozent.

Zeichnen Sie auf, was Sie in den nächsten fünf Jahren dazulernen möchten. Notieren Sie die Titel der Bücher, die Sie im laufenden Jahr lesen wollen. Welche Bücher und Themen möchten Sie im Laufe Ihres Lebens unbedingt noch lesen oder bearbeiten?

Vom deklarativen Wissen zum Expertenwissen

Wahre Universalität besteht nicht darin, daß man vieles weiß, sondern daß man vieles liebt.
CARL JACOB BURCKHARDT

Neben der Quantität des Wissens spielt vor allem auch dessen Qualität eine wichtige Rolle. Es ist sicher gut, Beispiele über die Evolution, einzelne Fakten, Begebenheiten, Personen und Schlagwörter zu kennen *(survival of the fittest)*. Doch dieses Wissen hat nicht dieselbe Qualität wie jenes, das man besitzt, wenn man auch das Wesen und die Bedeutung des Evolutionsprozesses erfasst hat. Dies erst befähigt, ihn auf andere Entwicklungen zu übertragen und in völlig neue Zusammenhänge zu stellen. Dieses vertiefte Verständnis muss jedoch erarbeitet werden.

Das Wissen kann nach zunehmender Komplexität und Vertiefung als Pyramide dargestellt werden; siehe Skizze.

Auf der untersten Stufe des Wissens steht das **deklarative Wissen**: Wenn man sich mit einem neuen Wissensgebiet befasst, muss man zunächst viele Fakten kennen, bis man gewisse Inhalte verstehen und auch allmählich unterscheiden kann, was wichtig und was unwichtig ist. Die Diskussion mit anderen gibt Aufschluss darüber, ob man den Stoff richtig verstanden hat. Der größte Teil des Wissens, den man sich während des Studiums aneignet, gehört zum deklarativen Wissen. Das meiste wird relativ schnell wieder vergessen – es sei denn, das Wissen werde angewandt.

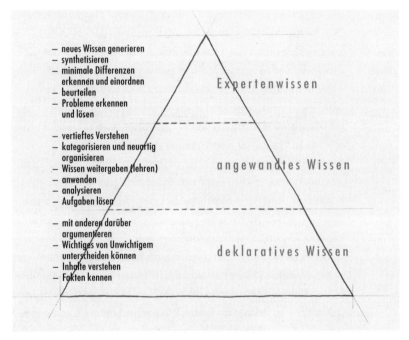

Wissenspyramide

Der erste Schritt zum **angewandten Wissen** besteht im Lösen von Aufgaben. Wenn das Wissen zudem in Forschung und Praxis angewandt wird, festigt und erweitert es sich zu Können und Erfahrung. Es kann auch weitergegeben und gelehrt

> Man darf das Wissen nicht nur äußerlich seiner Seele anheften, man muss es ihr innerlich und innig verbinden; man darf sie nicht nur damit anstreichen, man muss sie damit in der Wolle färben.
>
> MONTAIGNE

werden. Mit zunehmendem Wissen können auch neue Kategorien gebildet werden. Das Verständnis wird immer tiefer.

Die dritte Stufe schließlich beinhaltet das **Expertenwissen**. Expertise kann definiert werden als die durch Praxis erworbene Fähigkeit, in einer bestimmten Domäne qualitativ gute Leistungen zu erbringen.[8] Nach Donald A. Norman braucht es etwa 5000 Stunden Einsatz auf einem Gebiet, um in die Stufe der Expertise zu kommen.[9] Wenn man sich also zum Beispiel Woche für Woche zwanzig Stunden mit einem Gebiet befassen würde, käme man nach fünf Jahren auf die Expertenstufe.

Doch die vielen Stunden allein genügen nicht. Wer sich nicht vertieft mit der Materie auseinander setzt, wird die Expertenstufe nicht erreichen. Und auch innerhalb der Stufe gibt es, wie bei den anderen Stufen auch, gewaltige individuelle Unterschiede in Quantität und Qualität des Wissens.

Durch das Expertenwissen ist man fähig, Probleme zu erkennen und sie zu lösen, man kann Ergebnisse aus dem Fachgebiet beurteilen und eine Synthese aus verschiedenen Ergebnissen machen. Als Expertin oder Experte sieht oder merkt man auch kleinste Unterschiede, die anderen entgehen. Sei es die unterschiedliche Weinqualität zweier verschiedener Jahrgänge oder der Unterschied zwischen einer sehr guten und einer exzellenten Erzählung. Nur den ganz Kreativen unter den Expertinnen und Experten gelingt es, neues Wissen und neue Ideen zu generieren, die nachhaltige Wirkung auf ein Fachgebiet oder auf die Menschen haben.

Warum das Umsetzen von Wissen so schwierig ist. Das Umsetzen von deklarativem Wissen hin zu angewandtem Wissen ist schwierig. Und vom angewandten Wissen zum Expertenwissen ist es nochmals ein großer Schritt. John R. Anderson hat diese Übergänge in seiner ACT-Theorie *(adaptive control of thought)*[10] sehr einleuchtend beschrieben, und ich will es Ihnen an einem einfachen Beispiel erklären.

Stellen Sie sich vor, Sie machten zum ersten Mal ein Praktikum in Anorganischer Chemie und bekämen die Aufgabe, eine Kupfersulfatlösung zu elektrolysieren. Sie bekommen eine Anleitung für die Durchführung des Experimentes und bringen viel deklaratives Wissen zum Thema aus der Vorlesung mit. Trotzdem fühlen Sie sich bei diesem einfachen Experiment ziemlich hilflos: Sie müssen Material zusammensuchen, das Kupfersulfat auf der Analysenwaage abwägen, die Elektroden richtig anschließen und sich vorstellen, was auf dem Niveau der Ionen abläuft. Sie müssen aufpassen, dass Sie nichts vergessen, denn es ist für Sie nicht einfach, den Überblick zu behalten. Warum ist ein so einfacher Prozess beim ersten Mal so schwierig?

Alles, was Ihnen über den Prozess bekannt ist, ist auf der Stufe des deklarativen Wissens. Gefragt ist aber Anwendungswissen. Deshalb müssen Sie bei jedem einzelnen Teilprozess Ihr vorhandenes Wissen aus dem Langzeitgedächtnis in das Kurzzeitgedächtnis holen und es im Hinblick auf die Aufgabe interpretieren: Sie müssen überlegen, wie die Analysenwaage funktioniert, welche Elektrode den positiven Pol bildet, wie und wo die Kabel angeschlossen werden und was an welchem Pol passiert. Ihre mangelnde Erfahrung im Anwenden muss durch sehr viel Denkarbeit kompensiert werden. Die Kapazität des Kurzzeitgedächtnisses ist jedoch beschränkt und diese Beschränkung spürt man bei solchen Aufgaben: Sie fühlen die Ohnmacht, die Unsicherheit und den fehlenden Überblick.

Wenn Sie nun Elektrolysen üben, findet ein Kompilationsprozess statt: Teilabläufe werden automatisiert und Sie müssen

Es ist von grundlegender Bedeutung, jedes Jahr mehr zu lernen als im Jahr zuvor.
PETER USTINOV

Den Lernprozess angehen

dadurch nicht mehr jedes Mal überlegen, wie man die Analysenwaage bedient oder wie die Pole angeordnet werden. Ihr Kurzzeitgedächtnis ist dadurch nicht mehr überlastet und Sie haben den Überblick über den ganzen Elektrolyseprozess. Ihr deklaratives Wissen ist in angewandtes, prozedurales Wissen übergegangen.

Üben Sie nun immer weiter und führen Sie alle möglichen Arten von Elektrolysen aus, dann werden sich Ihr Prozesswissen und Ihre Erfahrung ständig verfeinern. Anderson nennt das *fine-tuning*. Die Arbeit geht automatisch und mühelos und Ihr Kurzzeitgedächtnis hat freie Kapazität zum Generieren neuer Ideen oder für eine differenziertere Beobachtung der Prozesse. Sie werden allmählich – im Kleinen – zum Experten oder zur Expertin.

Erinnerung – das eigentliche Ziel des Lernprozesses

Lernen ist wie rudern gegen den Strom. Sobald man aufhört, treibt man zurück.
BENJAMIN BRITTEN

Als Erinnerung kann man gemeinhin das Wissen bezeichnen, das man frei abrufen und wiedergeben kann. Es verhält sich damit wie mit dem aktiven Sprachschatz einer Sprache: Nur diejenigen Wörter und Redewendungen, die uns in den Sinn kommen, können wir einsetzen. Und genauso können wir zum Denken oder Diskutieren nur das, was wir sogleich aus dem Gedächtnis abrufen können, gebrauchen.

Das eigentliche Ziel des Lernens ist die möglichst gute Abrufbarkeit, die Erinnerung. Dies zu erreichen bedingt, dass man bereits während des Lernens das frei abrufbare Wissen, an das man sich später erinnern will, ins Auge fassen muss. Bedenken Sie, dass dieses Wissen von Ihnen beim Lernen nachvollzogen und konstruiert werden muss.

Wer sich dessen nicht bewusst ist, verfällt immer wieder derselben Illusion. Der Illusion nämlich, dass man etwas, das man verstanden hat, auch weiß und reproduzieren kann.
Sie haben die Situation wahrscheinlich auch schon erlebt: Man liest ein Sachbuch oder einen Artikel, ist fasziniert von der klaren Sprache und den logischen Argumenten des Autors und spürt Befriedigung, dass man seinen gescheiten Erörterungen folgen kann. Doch wenn man anderntags einer Kollegin von den wichtigsten Punkten des Autors erzählen will, muss man die Erinnerung erst mühsam konstruieren. Es sei denn, man habe sich bereits zu Beginn auf eine gute Strategie festgelegt und das Gelesene bewusst im Hinblick auf die Wiedergabe zusammengefasst und strukturiert und dieses Konstrukt dann memoriert.

Woran erinnern wir uns? Verweilen wir beim Sachbuch, das wir fasziniert gelesen haben. Woran erinnern wir uns ein halbes Jahr später? Sicher an unser Gefühl der Faszination. Dann auch an den Raum und die Umstände, unter denen wir das Buch gelesen haben. Wie sich das Buch anfühlte und ob es einen flexiblen Deckel hatte. Das Thema des Buches können wir vielleicht noch grob umreißen, doch bei einzelnen Anekdoten oder gar konkreten Argumenten und Tatsachen lässt uns das Gedächtnis meist im Stich – außer Sie hätten sie in der Zwischenzeit abgerufen und mit andern diskutiert.
Marvin Minsky, der Gedächtnisforscher vom Massachusetts Institute of Technology, sagt, man dürfe nicht glauben, dass konkrete Erinnerungen die einfachsten seien.[11] Und er gibt dazu ein einleuchtendes Beispiel: Stellen Sie sich vor, ein Anfänger, eine gute Klavierspielerin und ein weltbekannter Pianist hören dasselbe Klavierkonzert. Woran erinnern sich

Erinnerung ist eine Form der Begegnung.
KHALIL GIBRAN

wohl die drei? Der Anfänger wird sich vor allem daran erinnern, dass er »im Konzert war«, er wird hauptsächlich abrufen können, wie ihn das Konzert berührte und was er gesehen hat. Die Klavierspielerin hingegen wird sich auch noch erinnern, dass ein Stück von Mendelssohn, eines von Rachmaninoff und zwei von Mozart gespielt wurden. Sie weiß noch, »wie es klang« und dass ihr die Interpretation des Rachmaninoff-Stückes am besten gefiel. Nur der professionelle Pianist erinnert sich – neben seinen Gefühlen, der Örtlichkeit und den Kompositionen – noch viel stärker an Konkretes, an die Musik selbst, und an die Besonderheiten der Interpretation.

Minsky betont, dass man sich zunächst an Gefühle und Verhaltensweisen und erst dann an konkrete Tatsachen erinnert. Und an konkrete Tatsachen wiederum können wir uns am besten erinnern, wenn wir über ein möglichst großes, angewandtes Vorwissen oder sogar Expertenwissen – wie der professionelle Pianist – verfügen.

Vor allem während des Studiums muss man sich mit neuen Inhalten befassen – bei zum Teil kleinem und rein deklarativem Vorwissen. Wie schafft man es dann, sich an mehr als das »Mathematik-Gefühl« oder das Verhalten des begeisternden Professors zu erinnern? Oder wie schafft man es, sich an den Inhalt eines durchgearbeiteten Lehrbuches zu erinnern?

Faktoren für gutes Erinnern

Folgende Faktoren – die zum Teil zusammenhängen – spielen für gutes Erinnern der Inhalte eine Rolle:

- Nutzen, den die Inhalte für Alltag, Beruf und Hobby haben

- Persönliches Interesse, Begeisterung, Engagement und Disziplin
- Verschiedene Zugänge zu den Inhalten
- Verknüpfungen mit Sinneserfahrungen und Emotionen
- Integrierbarkeit der Inhalte in das bestehende Wissensnetz
- Organisation und Struktur der Inhalte
- Gespräche
- Repetition
- Praktische Anwendung, lehren

Nutzen, Integrierbarkeit, Repetition. William James, der Vater der amerikanischen Psychologie, hat vor über hundert Jahren die drei Faktoren Nutzen, Integrierbarkeit und Repetition folgendermaßen beschrieben:[12]

> *Most men have a good memory for facts connected with their own pursuits. The college athlete who remains a dunce at his books will astonish you by his knowledge of men »records« in various feats and games, and will be a walking dictionary of sporting statistics. The reason is that he is constantly going over these things in his mind, and comparing and making series of them. They form for him not so many odd facts, but a concept-system – so they stick. So the merchant remembers prices, the politicians other politicians' speeches and votes (in a fashion) which amazes outsiders, but which the amount of thinking they bestow on these subjects easily explains.*

Wir behalten vor allem das, was uns etwas bedeutet und nützt. Denn, so William James, darüber denkt man immer wieder nach, redet mit anderen darüber, vergleicht, fügt Neues hinzu. So verdichtet sich das Wissensnetz *(concept-system)* und neue Einzelheiten lassen sich gut integrieren. Zudem werden die Inhalte ganz automatisch immer wieder repetiert.

Interesse, Begeisterung und Disziplin. Wenn Interesse und Begeisterung fehlen, liegt das Gelernte gleichsam an der Oberfläche, um beim nächsten Windstoß fortgeweht – vergessen – zu werden. Auch wenn nicht jeder Lernstoff Enthusiasmus hervorruft, gilt dennoch: das A und O guten Erinnerns sind tiefes, persönliches Engagement und Wissensdurst, verbunden mit Disziplin. Letztere braucht es einerseits, um sich auf das Wesentliche zu konzentrieren und nicht ständig abzuschweifen. Andererseits wird Disziplin benötigt, um sich das, was man begriffen und verstanden hat, auch einzuprägen und zu repetieren.

Verschiedene Zugänge. Auch verschiedene Zugänge zu den Inhalten helfen, sich später daran zu erinnern – je mehr Wege nach Rom führen, desto besser! Im Teil 4 »Inhalte erarbeiten« werden viele unterschiedliche Routen des Einstiegs und somit auch des Zugriffs aufgezeigt werden.

Begeisterung ist alles! Gib einem Menschen alle Gaben der Erde und nimm ihm die Fähigkeit der Begeisterung, und du verdammst ihn zum ewigen Tod.
ADOLF VON WILBRANDT

Sinneserfahrungen. Die Bedeutung der gefühlsmäßigen Beziehung zu den Inhalten und deren Verknüpfung mit Sinneserfahrungen, ja mit dem ganzen Körper, kann nicht genug betont werden. Wir wissen bereits, dass uns das »Gefühl an eine Situation« am ehesten in Erinnerung bleibt. Und dieses Gefühl spürt man im Körper, nicht im Kopf. Hugo Kückelhaus sagt: »Nicht das Gehirn denkt, sondern der mit Haut und

Gliedern erlebende Mensch«.[13] Wenn wir uns nicht nur mit dem Kopf, sondern auch mit unserem ganzen Organismus und mit Begeisterung in eine Lernsituation begeben, sie im wahrsten Sinne der Wortes er-leben, er-spüren, er-finden und be-greifen, werden wir tiefere Erkenntnisse haben und uns auch besser daran erinnern.

Einer, der Sinneserfahrungen in ganz besonderem Maße mit Inhalten verknüpfen konnte, war der Göttinger Physiker und Universalgelehrte Georg Christoph Lichtenberg (1742–1799). Lichtenberg war ein bekannter Experimentator, dessen Vorlesungen oft auch von illustren Gästen besucht wurden, und er experimentierte auch mit der Erkenntnis selbst. Er beobachtete nicht nur, sondern rekonstruierte die Begegnungen und inszenierte sie neu. »Man muß etwas Neues machen, um etwas Neues zu sehen« lautete einer seiner zahlreichen Aphorismen. »Etwas Neues machen« bedeutet auch, außer den Geist auch die Sinne, das Sehen, Hören, Fühlen, Riechen und Schmecken, zum Zuge kommen zu lassen, um neue Erkenntnisse zu gewinnen.

So lernte Lichtenberg in London den Eingeborenen Omai kennen, der mit Cooks Expeditionsschiff von Tahiti nach Europa gekommen war. Er ließ es aber nicht bei dieser ersten Begegnung bewenden. Lichtenberg experimentierte mit dem Gefühl des Fremden, das er bei der Begegnung empfand. Gerhard Neumann beschreibt es so:[14]

> Um das ihm Fremde dieser »ersten Begegnung« zu erkunden, spielt Lichtenberg den *first contact* mit dem Fremden, wie er sich in der Südsee ereignet hatte, experimentell nach. Er sucht alle jene Personen auf, die Omai während der Expedition in der Fremde begegnet waren: den Naturforscher Reinhold Forster, Georg

Forster, der die Encounter-Situation im Pazifik niedergeschrieben, den Maler William Hodges zuletzt, der sie mit dem Zeichenstift festgehalten hatte. Und er lässt sich einen Splitter von Cooks Expeditionsschiff »Resolution« abschneiden. Erst aus diesem Zusammenspiel von eigener Beobachtung, materieller Berührung, Selbst-Ausdruck des Fremden und jenen Medien, die sich zeichnerisch und schreibend an der Wahrnehmung des Fremden beteiligt hatten, »konstruiert« Lichtenberg die Situation des Erkennens, in der er sich befindet. Er »findet« gewissermassen einen »Erfinder« der Dinge.

Auch wenn Ihnen das Konstruieren der Erkenntnis-Situation zu weit geht: das Zusammenspiel von eigenen Beobachtungen, eigenen Sinneserfahrungen und den Wahrnehmungen anderer ist für das Lernen, das vertiefte Verstehen und Erinnern von großer Wichtigkeit.

Organisation und Struktur. Ein weiterer Faktor für gutes Erinnern ist die Art und Weise, wie die Inhalte im Gedächtnis organisiert und strukturiert sind. Wenn man im Hinblick auf gutes Erinnern Inhalte bewusst zusammenfasst und aufzeichnet, sich eine wohl gegliederte Struktur, ein Bild oder eine Mindmap konstruiert, ist dies später leichter abrufbar als eine unzusammenhängende, ungegliederte Aufzählung einer unbestimmten Anzahl von Fakten. Bei komplizierten Sachverhalten hilft das Aufzeichnen, Aufschreiben oder Weitererzählen oft, sie zu klären oder zu strukturieren.
Sie haben die Erfahrung der besseren und schlechteren Abrufbarkeit beim kleinen Experiment mit dem Lindenbaum gemacht: Wenn das Wissen bereits als fertiges Bild oder

Grundstruktur gespeichert ist, muss das Kurzzeitgedächtnis nur noch wenig rekonstruktive Arbeit leisten.

Wenn Sie sich beim Lernen und Lesen ständig bewusst sind, was Sie später abrufen wollen, richten Sie Ihre Aufmerksamkeit automatisch darauf. Doch wie schafft man dieses ständige Bewusstsein? Eine mögliche Antwort lässt sich in Jean-Paul Sartres autobiografischen Schriften finden. Sartre wuchs mit seiner Mutter Anne-Marie und den Großeltern, die er Karlundmami nannte, auf. Im Folgenden beschreibt er, wie er es sich als Knabe zum Lesen gemütlich machte:[15]

> Ich legte mich auf den Bauch, mit dem Gesicht zum Fenster, ein offenes Buch vor mir, ein Glas mit gerötetem Wasser rechts von mir, links von mir ein Butterbrot mit Konfitüre auf einem Teller. Sogar in der Einsamkeit repräsentierte ich: Anne-Marie und Karlundmami hatten diese Seiten lange vor meiner Geburt umgeblättert, ihr Wissen bot sich jetzt meinen Augen dar; abends fragte man mich: »Was hast du gelesen? Was hast du verstanden?«... entlief man den Erwachsenen mit Hilfe der Lektüre, so kam man dadurch erst recht mit ihnen in Verbindung; auch wenn sie nicht anwesend waren, drang ihr künftiger Blick durch den Hinterkopf in mich ein, kam durch die Pupillen wieder heraus und fegte am Boden weg über die hundertmal gelesenen Sätze, die ich zum erstenmal las.

Der junge Jean-Paul war sich beim Lesen offensichtlich ständig bewusst, daß er am Abend von den drei Erwachsenen gefragt werden würde, was er gelesen und verstanden habe. So war er laufend gezwungen, sich vom Gelesenen eine gut reproduzierbare Vorstellung zu machen. Es lässt sich denken, dass dies bei Sartre zu einem Automatismus geführt hat, den er auch später beibehalten konnte. Wenn Sie sich selbst beim Lesen und Lernen die Vorstellung angewöhnen, dass Sie das Wichtigste nachher gleich einer ganz bestimmten Person erzählen wollen, hilft dies enorm.

Die Fähigkeit, von Gelesenem und Gelerntem klare, gut abrufbare Vorstellungen und Bilder zu konstruieren, ist so etwas wie eine Königsdisziplin: wer dies beherrscht und sogar automatisiert hat, wird sich sehr vieles in Erinnerung rufen können.

Gespräch, Emotionen. Der junge Jean-Paul konnte nicht nur davon profitieren, dass seine Mutter und die Großeltern als imaginäre Gesprächspartner während des Lesens anwesend waren. Vielmehr spielte auch das Gespräch am Abend eine große Rolle. Denn dadurch gewann das Gelesene an Bedeutung. Außerdem wurde es repetiert und falsch Verstandenes konnte korrigiert werden.

Schön wäre es, wenn einem dieser Weg offen stünde, nur hat man in den seltensten Fällen geeignete Personen in seiner Umgebung, die willens und fähig sind, die Rolle von Karlundmami zu übernehmen. Doch auch regelmäßige Gespräche mit Kolleginnen und Kollegen können sehr viel bringen; ebenso das Weitervermitteln und Lehren von Inhalten. Denn durch Gespräche und Referate verbindet man den Inhalt mit Emotionen und er gewinnt an Bedeutung. Dies schafft breite Zugangswege zur Erinnerung.

Menschen lernen, wenn sie lehren.
SENECA

Praktische Anwendung. Die praktische Anwendung bildet den breitesten aller Zugangswege zum Erinnern. Dies ist vor allem im Studium nicht immer in genügendem Maße möglich.

Anwenden heißt damit arbeiten und experimentieren, darüber diskutieren, schreiben und auch, die Inhalte weiter zu geben und zu lehren. Die Summe all dieser Tätigkeiten begründet schlussendlich das Expertenwissen.

Welche Faktoren für gutes Erinnern könnten Sie in Zukunft stärker pflegen? Notieren Sie, wie Sie es angehen wollen.

Ein Gedächtnismodell

»Lassen Sie sich nicht beeindrucken durch all das, was anscheinend bekannt ist über die Psychologie des Gedächtnisses. Weniger ist bekannt, als Sie sich vorstellen können.« Dies hat der Kognitionsforscher Donald A. Norman im Jahre 1981, vor fast zwanzig Jahren geschrieben.[16] In der Zwischenzeit ist sehr intensiv in verschiedensten Disziplinen Gedächtnisforschung betrieben worden, und man weiß sehr viel mehr als vor zwei Dekaden. Doch die interessanten Erkenntnisse machen wahrscheinlich immer noch nur einen Bruchteil der Unkenntnisse aus – unser Gedächtnis ist schwer fassbar, ja ein Mysterium, und wird es zum Teil wohl auch bleiben.
Trotzdem muss für uns das Gedächtnis vorstellbar sein. Und diese Vorstellung erhalten wir durch ein Modell. In die Konstruktion des einfachen Schemas auf Seite 150 sind existierende Modelle, Erkenntnisse aus der Erforschung des Bewusstseins sowie eigene Beobachtungen eingeflossen.[17]

Das **Ultra-Kurzzeitgedächtnis** kann man sich als Filter von ganz geringer Durchlässigkeit vorstellen. Denn von der gewaltigen Informationsmenge aus den Sinnesorganen kann nur

Das größte unerforschte Gebiet auf der Welt ist der Raum zwischen unseren Ohren.
WILLIAM O'BRIAN

Den Lernprozess angehen

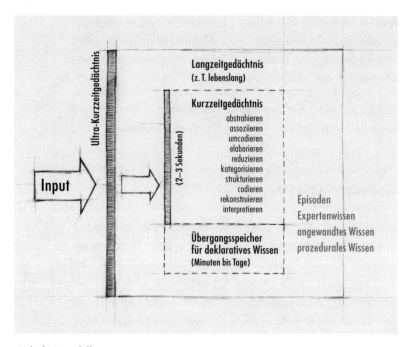

Gedächtnismodell

ein kleiner Bruchteil diesen Filter passieren und bewusst wahrgenommen werden (siehe Tabelle auf der Seite 152). Dabei gelangt die Information ins **Kurzzeitgedächtnis** (=**Arbeitsgedächtnis**).

Das Kurzzeitgedächtnis kann man sich als Arbeits- und Denkzentrale des Gehirns vorstellen. Hier wird die Information verarbeitet. Sie wird zum Beispiel abstrahiert, das heißt dem Sinn nach (und nicht wortwörtlich) erfasst. Oder sie wird assoziiert, also mit Bekanntem verknüpft, und auch umcodiert, das heißt, aus Worten und Sätzen werden bildhaft Vorstellungen gemacht.

Welche Informationen können nun den Ultrakurzzeit-Filter passieren und ins Kurzzeitgedächtnis gelangen? Es sind Daten über Dinge, auf die wir bewusst unsere Aufmerksamkeit richten oder die unsere Aufmerksamkeit erregen. Unser Vorwissen und unsere Interessen spielen dabei eine große Rolle. Was uns interessiert, nehmen wir in der Regel wahr. Was uns nicht interessiert, beachten wir nicht. Mir wurde dies bewusst, als ich nach vielen Jahren Radfahren wieder ab und zu Auto fuhr: Mein Mann musste mich immer wieder auf die Tafeln mit den Geschwindigkeitsbegrenzungen hinweisen. Ich nahm sie nicht wahr, weil ich die Straße mit den Augen einer Radfahrerin betrachtete und für mich deshalb die Geschwindigkeitstafeln nicht von Bedeutung waren.

Die limitierte Kapazität des Kurzzeitgedächtnisses

Die Kapazität des Kurzzeitgedächtnisses ist durch unser Bewusstsein begrenzt. Dabei spielt der Zeitfaktor eine große Rolle. Der Sinnespsychologe Ernst Pöppel definiert das Bewusstsein so:[18] »Das subjektive Geschehen in einem Zeitfenster von etwa drei Sekunden, das durch das Gefühl der Gegenwärtigkeit gekennzeichnet ist, sei als der jeweilige Zustand ›bewusst‹ bezeichnet.« Diese Bewusstseinsspanne von etwa drei Sekunden erfährt man, wenn man zum Beispiel vergleichen muss, ob zwei Dinge gleich schwer, gleich laut oder gleich warm sind. Erfolgt die Wahrnehmung der beiden Maße, Lautstärken oder Temperaturen innerhalb des Drei-Sekunden-Zeitfensters, lässt sich der Vergleich anstellen. Ist die Pause zwischen Reiz 1 und Reiz 2 größer, ist Reiz 1 bereits mehr oder weniger verblasst. Pöppel schreibt: »Das Drei-Sekunden-

Fenster ist gleichsam eine zeitliche Arbeitsplattform, auf der anschauliche Bezüge zwischen verschiedenen Ereignissen hergestellt werden können.«

Wir können uns das Bewusstsein als Arbeitsplattform oder Tisch im Kurzzeitgedächtnis vorstellen. Alles, was wir bewusst wahrnehmen, verarbeiten und denken, geht über diesen Tisch. Und auf diesem Tisch hat nicht viel Information auf einmal Platz! Man schätzt, dass das bewusste Aufnahmevermögen bei 40 bit pro Sekunde liegt (zum Vergleich: ein gelesener Text entspricht zirka 25 bit/s; Fernsehen liefert 1 000 000 bit/s) – von dieser Information wird allerdings nur ein ganz geringer Teil bewusst aufgenommen.[19]

Sinnesorgan	Aufnahmevermögen (bit/s) der Sinnesorgane	Aufnahmevermögen (bit/s) Bewusstsein (Kurzzeitgedächtnis)
Augen	10 000 000	40
Ohren	100 000	30
Haut	1 000 000	5
Geschmack	1 000	1
Geruch	100 000	1

Aufnahmevermögen (Bandbreite) von Sinnesorganen und Bewusstsein [20]

Da zum Verarbeiten der Information auch Vorwissen auf den Tisch kommen muss, liegt die Menge an verarbeiteter Information bei 1 bis 16 bit/s.

Die begrenzte Kapazität des Kurzzeitgedächtnisses wird einem bewusst, wenn man zum Beispiel eine Telefonnummer nachschlagen und sie im Gedächtnis behalten will, bis man gewählt hat. Wenn man die Nummer nicht ständig innerlich wiederholt, vergisst man sie gleich wieder. Es sei denn, man macht sich die Mühe, die Information weiterzuverarbeiten, sie mit Bekanntem zu assoziieren und dadurch das Gedächtnis zu entlasten.

Informationen verdichten. Wenn man aus der Telefonnummer eine kleine Geschichte macht (siehe Teil 5) oder eine andere Merkhilfe anwendet, erfasst man die sieben Ziffern als Ganzheit. An Stelle von sieben Mikrozuständen muss man sich nur noch einen Makrozustand, nämlich das Geschichtlein oder die Eselsbrücke merken. Dieses Verdichten entlastet das Gedächtnis enorm. Auch wenn man etwas abstrahiert, also zum Beispiel einen Text statt Wort für Wort dem Sinn nach erfasst, oder sich etwas bildlich oder symbolisch vorstellt, verdichtet man die Information. Ebenso, wenn man sein Wissen intelligent strukturiert und hierarchisiert. So können zum Beispiel Schlüsselwörter gewaltige Mengen an Information enthalten. »Hund« enthält viel mehr Information als »Hnud«, belastet das Kurzzeitgedächtnis aber weniger.

Als Schlüsselwörter gelten diejenigen Wörter, die einem den besten Zugang zum Wissen verschaffen. Sie sind wie Aufhänger, an denen große Trauben von Wissen hängen. Die Schlüsselwörter stimmen nicht notwendigerweise überein mit den Oberbegriffen in den Kapiteln. Für mich ist zum Beispiel

Den Lernprozess angehen

»Königin Victoria« ein Schlüsselwort, mit dem viel mehr Wissen verknüpft ist als mit dem Oberbegriff »England in der zweiten Hälfte des 18. Jahrhunderts«.

Im Jahr 1956 publizierte George A. Miller eine seither oft zitierte Arbeit mit den Titel »The magical number seven, plus or minus two«.[21] Miller fand, dass man sich gleichzeitig höchstens 7 ± 2 Informationseinheiten bewusst sein kann.

Diese 7 ± 2 Informationseinheiten auf dem Arbeitstisch des Kurzzeitgedächtnisses können sich jedoch im Informationsgehalt gewaltig unterscheiden. Statt 7 ± 2 sinnloser Zahlen oder Begriffe können auch 7 ± 2 Makrozustände, Schlüsselwörter oder Symbole verarbeitet werden.

7 sinnlose
Informationseinheiten
belasten das Kurzzeitgedächtnis stärker .... als 7 Schlüsselwörter.

Tnach	Nacht
Telhavierfen	Hafenviertel
Daremba	Bardame
Restgang	Gangster
Bilck	Blick
Suchterfei	Eifersucht
Ssusch	Schuss

Vom Übergangsspeicher ins Langzeitgedächtnis

Neben dem durch das Bewusstsein limitierten Kurzzeitgedächtnis kann man sich im Kurzzeitgedächtnis auch noch – rein metaphorisch gesehen – einen **Übergangsspeicher** für deklaratives Wissen vorstellen. Das wenig verknüpfte, statische Faktenwissen kann durch Repetieren und Anwenden von diesem Übergangsspeicher ins Langzeitgedächtnis überführt werden. Finden diese Prozesse nicht statt, muss man annehmen, dass diese oberflächlich gespeicherten Fakten bald wieder gelöscht werden.

Wissen, das durch vielfältiges Verknüpfen und Anwenden ins **Langzeitgedächtnis** gelangt, scheint sehr langlebig zu sein. Allerdings sind die Zugänge zum Wissen manchmal verstopft, und es lässt sich dann nicht oder erst mit Verzögerung abrufen. Der Imperativ *use it or lose it* gilt somit auch für Inhalte des Langzeitgedächtnisses!

Sie haben sich nun durch den anspruchsvollsten Teil durchgearbeitet. Dabei haben Sie einiges erfahren über Prozesse und wissen, dass sie in Teilprozesse aufgeteilt werden, die jeweils ganz verschiedenartiger Fähigkeiten und Denkweisen bedürfen. Sie sind nun sensibilisiert für die geistige Disposition, diese ganz spezifische mentale Einstimmung, die ein Teilprozess oder ein Sub-Teilprozess erfordert. Sie spüren, dass das Kontrollieren der Satzzeichen in Ihrer Semesterarbeit bereits eine etwas andere geistige Disposition verlangt als die Suche nach Tippfehlern. Aus diesem Grund teilen Sie die Prozesse auf. Denn wenn Sie zu viele verschiedenartige Operationen gleichzeitig ausführen wollen, überlasten Sie Ihr Kurzzeitgedächtnis. Die Arbeit macht keinen Spaß, Sie fühlen sich hilflos und sind frustriert wie vielleicht beim ersten Chemiepraktikum.

Im Hinblick auf den kommenden Teil haben Sie auch erfahren, was Lernen bedeutet: Es ist das bewusste, aktive Konstruieren der mentalen Repräsentation. Je klarer und strukturierter Sie Ihr Wissen aufbauen, umso besser lässt es sich wieder abrufen. Eine überschaubare Struktur allein – im Gegensatz zu diffusem, fragmentiertem Wissen – ist aber noch kein Garant für gutes Erinnern. Denn Erinnern hat auch mit *Verinnerlichen*, mit Gefühlen, Sinnes- und Körpererfahrungen zu tun. Verinnerlicht – und dadurch besser erinnerlich – wird der Stoff durch Interesse, Lust und Neugier sowie durch eigenes Nachvollziehen: aufzeichnen, aufschreiben, weitererzählen, durch den Körper ausdrücken und anwenden.

Sie werden in den nächsten beiden Teilen sehen, wie Sie beim Lernen immer wieder Brücken zu den Gefühlen und Sinnen schlagen können – sei's durch Suchen von interessanter Zusatzinformation, die den Stoff belebt, oder durch fantasievolles Erfinden von mnemotechnischen Tricks, um sich die Dinge besser merken zu können.

4 INHALTE ERARBEITEN

Wir kommen nun zum Kernelement des Explorativen Lernens, zur Ebene der Inhalte. Dem Erarbeiten der Inhalte ist nicht nur dieser, sondern auch der fünfte Teil, »Das Vergessen nicht vergessen«, gewidmet. Denn das Gelernte will nicht nur verstanden sein – es braucht auch Pflege und Unterhalt.

Zunächst aber analysieren wir die zu lernenden Inhalte. Sie wissen aus eigener Erfahrung, dass nicht alle Inhalte gleich gut erschließbar sind. Etwas Detektivarbeit zu Beginn macht die Sache einfacher und spannender.

Sie werden zudem sehen, warum das zeitliche und örtliche Aufteilen der Lernprozesse nützlich ist.

Ein weiterer Aspekt wird der richtige Einstieg in ein Gebiet sein – richtig heißt in diesem Fall: möglichst alle Sinne ansprechend und auf den persönlichen Lernstil zugeschnitten. Sinne und Gefühle sollen auch beim Elaborieren nicht zu kurz kommen. Der Stoff will – auch wenn er noch so ernst ist – möglichst spielerisch angegangen werden.

Im Kapitel »Intelligent reduzieren und strukturieren« werden Sie erfahren, wie Sie das Wesentliche aus einem Gebiet herausarbeiten können. Und zum Schluss befassen wir uns mit Strategien. Sie werden mit einer guten Strategie – dem intellektuellen Herzstück des Vorgehens – besser lernen und mehr Spaß daran haben.

Nicht jeder Inhalt ist gleich gut erschließbar

Sie kennen wahrscheinlich den Unterschied zwischen einem Optimisten und einem Pessimisten: Der Optimist freut sich über das noch halb volle Wasserglas, während sich der Pessimist grämt, dass das Glas bereits halb leer ist.

Nicht jeder Inhalt ist gleich gut erschließbar

Die Situation – das halb gefüllte Wasserglas – ist an und für sich neutral. Doch durch unsere Interpretation geben wir ihr eine Bedeutung, die stark vom neutralen Standpunkt abweichen kann.

Auch ein mit Fremdwörtern gespickter Text kann verschieden interpretiert werden: Was die einen frustriert, kann für andere eine lustvolle Herausforderung darstellen. Ein Pessimist schrieb auf die Frage nach einer typischen, frustrierenden Lernsituation:[1]

> Wenn ich einen neuen Text lese, der gespickt ist mit Fachwörtern, frustriert es mich, wenn ich nicht einmal einen Überblick erhalte. Ich muss zuerst alle Wörter nachschlagen, um überhaupt einen Überblick zu erhalten, bevor ich den Text wirklich lesen kann. Dadurch bin ich nicht motiviert.

Ein Optimist hingegen, der nach einer Entdeckung, die ihm das Lernen erleichtert hat, gefragt wurde, meinte:[2]

> Wenn ich einen hoch stehenden, wissenschaftlichen Text lesen muss, schreibe ich zuerst alle Fremdwörter raus und suche mir in entsprechenden Büchern eine deutsche Erklärung dafür. Nachher lese ich den Text nochmals und weiß dann, worum es geht. Meine Erkenntnis: Wenn man die Fremdwörter versteht, versteht man schon das halbe Leben.

Das Problem des Pessimisten besteht darin, dass seine Erwartungen nicht mit der Realität übereinstimmen. Er möchte den Überblick sofort haben. Er sieht zwar gleich, dass der Text viele schwierige Fachbegriffe enthält. Statt nun aber seine

Ein kluger Mensch schimpft nur über das, was zu ändern ist.
LUDWIG HOHL

Erwartungen und sein Ziel zu modifizieren, hält er stur daran fest und ist frustriert.

Auch das folgende Zitat von einem Soziologiestudenten zeigt, wie falsche Erwartungen zu Frustrationen führen können:

> Die strukturell hoch komplizierten Texte bereiten mir Mühe, zumal sie mit vielen Fremdwörtern gespickt sind. Das Lesen wird zur Qual und ist nicht mehr das spannende Erlebnis, das es eigentlich sein sollte. So ergibt sich für mich das Gefühl, dass ich völlig uneffizient lerne, und das frustriert mich total, da ich immer großes Gewicht auf Effizienz lege.

Der zukünftige Soziologe erwartet ein spannendes Erlebnis und Effizienz – aber er wird enttäuscht.

Wäre er ein Explorativer Lerner, würde er bereits das Erschließen des Textes spannend finden. Er hätte Spaß daran, die komplizierte Textstruktur zu knacken.

Wir werden im Abschnitt »Strukturanalyse mit Seitenblicken« auf die Analyse der Textstruktur eingehen. Zunächst wollen wir uns jedoch noch damit befassen, warum Lehrbuchtexte anders sind als belletristische Werke.

Lehrbuchtexte sind anders

Das meiste Wissen erwerben wir durch Lesen. Lesen kann informieren, Gefühle wecken, unterhalten, inspirieren und fordern. Doch Lesen ist nicht gleich Lesen.

Große Werke der Weltliteratur zum Beispiel sind anspruchsvoller zu lesen als Zeitungsartikel. Die Werke sind nicht immer leicht erschließbar und fordern unser Denken und Nachdenken auf vielen verschiedenen Ebenen.

Das Lesen auf diesem Niveau will gelernt sein. Aber mit der Zeit beherrschen wir diese anspruchsvolle Stufe, und das Lesen großer Werke bereitet uns emotionales und intellektuelles Vergnügen.

Lehrbücher und Sachtexte zu lesen ist aus anderen Gründen anspruchsvoll und kann für Geübte ebenfalls ein intellektuelles Vergnügen sein. Für Ungeübte – und das haben die meisten von uns schon erlebt – ist es ebenso schwierig wie frustrierend. Zwei Gründe dafür wurden bereits angedeutet: zum einen die vielen Fachbegriffe, die man noch nicht versteht, und zum anderen Strukturen, die als kompliziert empfunden werden.

Aber es sind nicht nur Fachbegriffe oder komplizierte Strukturen, welche die Lehrbuchtexte schwer erschließbar machen. Die wichtigste Ursache besteht wohl darin, dass man sich zunächst an Lehrbuchtexte gewöhnen muss.

Gibt es noch weitere Unterschiede zwischen Belletristik und Lehr- oder Sachbuchtexten?

Nun, über Romane und Geschichten wissen wir im Grunde schon sehr viel, bevor wir sie lesen. Denn Geschichten basieren auf Grundmustern, die wir aus unserer Erlebniswelt kennen und die wir verinnerlicht haben. Deshalb besteht für uns eine Geschichte aus einer logischen Abfolge von Geschehnissen, die wir beim Lesen miterleben. Zudem haben Geschichten, auch bei nicht chronologischer Erzählweise, ein zeitliches Verlaufsmuster.

Lehrbuchtexte hingegen sind keine Geschichten mit bekannten Grundmustern. Lehr- und Sachbücher gleichen eher einer Sammlung von Themen, die unter einem Überbegriff zusammengefasst werden. Selbst wenn die Themen einer bestimmten

Inhalte erarbeiten

Einige Bücher muß man nur kosten, andere verschlingen und einige wenige durchkauen und verdauen.
FRANCIS BACON

Systematik gehorchen, gehört diese Systematik nicht zu unserer Erfahrungswelt.

Die Sprache in Lehrbüchern ist zudem oft sehr sachlich, präzis und dicht. Kein Wort ist überflüssig. Die Begriffe sind nicht bildhaft wie in Geschichten, und es werden auch keine Gefühle ausgedrückt. Bezüge zur Alltagswelt fehlen meist. Dazu kommt eine besondere Art von Sprache, die Symbolsprache. Wir finden sie mit eigenem Vokabular, Grammatik und Syntax zum Beispiel in der Mathematik oder in der Chemie und in andern Disziplinen. Wir müssen die Bedeutung der einzelnen Symbole kennen. Nur so können wir Texte, die Symbole enthalten, überhaupt verstehen. Eine echte Herausforderung für unseren Geist!

Denn das Lernen von Symbolsprachen ist nicht immer einfach. Denjenigen, die gut abstrakt denken können, fällt dies leichter. Wer jedoch beim Lernen Bezüge zum Alltagswissen und zu persönlichen Erfahrungen vorzieht, hat mit Symbolsprachen eher Mühe.

Inhalte, die Bezug auf die eigene Erfahrungswelt nehmen, sind leichter lernbar: Wer oft mit Tieren zu tun hat, ist in der Regel interessierter und motivierter, Zoologie zu lernen. Was man an lebendigen oder toten Tieren nicht sieht, hört oder fühlt, erfasst man mit der Lupe, dem Lichtmikroskop oder mit hochauflösenden Elektronen- oder Kraftmikroskopen. Von den Erfahrungen des Alltags geht es beinahe stufenlos auf die Ebene der Moleküle hinab. Der Faden zur eigenen Erlebniswelt mit all ihren Sinneseindrücken und Gefühlen reißt so nicht ab.

Verschiedene Niveaus und Welten

Nun gibt es aber Fachgebiete und Disziplinen, die weiter von der eigenen Erlebnis- und Erfahrungswelt entfernt sind. Ist man sich darüber im Klaren, gestaltet sich wohl das Einarbeiten in die neue, virtuelle Welt schwierig – das Thema an sich wird jedoch nicht zur Frustration.

Ein typisches Beispiel ist die Chemie. Sie präsentiert sich auf mindestens drei verschiedenen Niveaus, dem Makro-Niveau, dem Niveau der Atome und Moleküle und dem Symbolniveau, dem Niveau der Formeln.[3] Beim Durchführen von chemischen Reaktionen, zum Beispiel einer Verbrennung, sieht man das Makro-Niveau. Man beobachtet die Flamme, den Ruß, den Docht, das geschmolzene Wachs.

Was auf dem Niveau der Moleküle und Atome passiert, ist nicht sichtbar. Man muss sich die Teilchen aber vorstellen können, um die Verbrennungsreaktion formulieren zu können. Diese Vorstellung wird dann auf dem nächsten Niveau, dem Symbolniveau, mit den chemischen Formeln aufs Papier gebracht. Kein Wunder, fühlt man sich im Chemiepraktikum oft konsterniert![4] Denn zwischen dem beobachteten Makro-Niveau und dem Symbolniveau klafft eine große Lücke. Bei der erfahrenen Chemikerin und dem Chemiker durchdringen sich die verschiedenen Niveaus, sie können mühelos zwischen den Ebenen hin- und herschalten. Für weniger Geübte ist dies schwierig, und es kommen noch weitere Probleme dazu:

Die Namen vieler Substanzen klingen so fremd, dass sie sich beim besten Willen nirgends im Gedächtnis zuordnen lassen. Zudem dürfen Begriffe aus der Alltagssprache nicht mehr ohne weiteres verwendet werden. Sie werden ersetzt und derselbe Kaffee, der beim Frühstück zu stark war, ist, sobald er in einem

Inhalte erarbeiten

Experiment verwendet wird, nicht mehr zu stark, sondern zu konzentriert. Der Kaffee – Pardon, die Kaffeelösung – wird im Labor nicht gekocht, sondern bis zum Siedepunkt erhitzt. Und wenn es im Labor knallt und Scherben herumfliegen, war es vielleicht gar keine Explosion, sondern eine Implosion. *Life is not easy!*

Strukturanalyse mit Seitenblicken

Erinnern Sie sich an die »1 Stunde pro Buch«-Übung (in Teil 4, »Konzentration«) mit Bergiers Buch »Die Schweiz und Europa«? Wie innerhalb einer Stunde das Wesentliche aus jedem der zehn Kapitel gefunden werden musste?
Nur die zuvor durchgeführte Strukturanalyse des Textes machte das Lösen der Aufgabe überhaupt möglich. Es lohnt sich deshalb, sich etwas eingehender mit dieser Thematik zu befassen.
Egal, ob ein Lehrbuch Ihrem Ermessen nach einfach oder kompliziert strukturiert ist: bevor Sie mit dem eigentlichen Lernen beginnen, lohnt sich eine Strukturanalyse auf jeden Fall. Folgende Gründe sprechen für dieses Vorgehen:

Gut begonnen ist halb gewonnen.
HORAZ

- Die Analyse gleicht spannender **Detektivarbeit**, die Sie frei von dem Druck, den Inhalt auch gleich lernen zu müssen, ausführen können.
- Das Klären der Struktur ist ein **Erfolgserlebnis**.
- Die gefundene Struktur verschafft einen **Überblick** (und oft auch Erleichterung).
- Man weiß, **wo man** Elemente wie zum Beispiel **Einführungen** oder **Zusammenfassungen** findet.
- Durch die Analyse generiert man einen **Spannungsbogen** und **man wird neugierig** auf den Inhalt.

Auf meinem Tisch liegt ein Skript aus der milchwirtschaftlichen Mikrobiologie zum Thema Milchsäurebakterien.[5] Ich möchte Ihnen anhand dieses Beispiels die Strukturanalyse erläutern. Sie umfasst drei Schritte: die Ermittlung der Textstruktur, das Klären der Inhaltsstruktur und als letztes den Inhalt selbst.

Textstruktur. Zunächst lassen wir das Thema »links liegen« und beachten lediglich die Textstruktur:

- Aus wie vielen Kapiteln besteht der Text?
- Wie sind die einzelnen Kapitel unterteilt?
- Gibt es Haupttitel, Untertitel, Abschnitte und Absätze?
- Sind einzelne Begriffe hervorgehoben?
- Gibt es eine Art »Schnell-Lese-Spur« durch den Text?

Wir machen uns ein grobes Bild von der Struktur des Textes. Beim Milchsäurebakterien-Skript sieht es so aus: Der Text besteht aus einem einzigen großen Kapitel mit dem Haupttitel »Milchsäurebakterien«. Nach dem Haupttitel folgt direkt ein kleiner Text, dann kommen sechs gleichwertige Unterkapitel. Als Nächstes untersuchen wir, wie der Inhalt strukturiert ist.

Inhaltsstruktur. Bei dieser Analyse der Inhaltsstruktur lesen wir den Text noch nicht durch. Wir suchen lediglich nach Textteilen, die bestimmte Funktionen haben:

- Gibt es Einführungen oder Einleitungen?
- Gibt es Zusammenfassungen?
- Sind irgendwo Schlussfolgerungen?
- Gibt es noch andere Textteile, die sich vom Hauptteil unterscheiden?

Inhalte erarbeiten

Die Analyse des Skriptes fördert Folgendes zu Tage: Der kleine Text nach dem Hauptteil ist eine Einführung ins Thema. Das erste der sechs Unterkapitel unterscheidet sich prinzipiell von den übrigen fünf: Es erklärt die Stellung der wichtigsten Milchsäurebakterien-Gattungen im gesamten System der Prokaryonten. Die fünf weiteren Kapitel widmen sich dann jeweils den einzelnen Gattungen.
Ich weiß nun schon einiges über die Struktur des Skriptes und habe auch ein grobes Gerüst für die Inhaltselemente. Zudem sind mir Begriffe wie »Bifidus« und »Sauerkraut« aufgefallen, die in meinem Geist sofort Bilder entstehen lassen und mich neugierig machen – die Wirkung der Seitenblicke!

Inhalt. Mit dem durch die Strukturanalyse erhaltenen Orientierungswissen lässt sich der Inhalt nun leichter angehen. Der einleitende Text sowie sämtliche Überschriften, Hervorgehobenes und Skizzen werden dabei eine Hilfe sein.
Bei umfangreichen Unterlagen (zum Beispiel bei einem Buch) lohnt es sich noch, den sehr anregenden Schritt, den Sie im Kapitel über Konzentration kennen gelernt haben, einzubauen: Geben Sie sich eine Stunde Zeit und finden Sie die wichtigsten Aussagen jedes einzelnen Kapitels heraus.

Nehmen Sie sich nun einige Texte aus Ihrem Studienbereich vor. Beginnen Sie mit den einfacheren und knacken Sie dann die Struktur eines sehr komplizierten Textes. Sie werden sehen, Strukturanalyse ist spannende Detektivarbeit. Viel Spaß!

Denkpause vor dem Start

Hatten Sie schon einmal Gelegenheit, in eine Großküche hineinzuschauen, und zwar mittags um zwölf Uhr, wenn am meisten Gäste da sind? Mich fasziniert das immer wieder! Nicht nur, weil es eine wahre Freude ist, zu sehen, wie flink und gewandt die Köchinnen und Köche in ihren Bewegungen sind. Alle arbeiten emsig und konzentriert und jeder, vom Küchengehilfen bis zum Chefkoch, weiß genau, was er zu tun hat. Was mich jeweils ganz besonders beeindruckt, ist das systematische Vorgehen und die *mise en place*: Vor dem Ansturm wird alles gerüstet, vorbereitet und bereitgestellt. Dieser Vorgang wird klar vom eigentlichen Kochen abgetrennt; die *mise en place* ist eine Arbeit für sich. Das spätere Aufräumen und Reinigen der Küche ist wiederum ein Prozess für sich und hat seine eigene Bedeutung.

Auch wenn man die Küche verlässt und andere Könnerinnen und Könner ihres jeweiligen Fachs beobachtet, bemerkt man immer wieder, dass sie ihr Vorgehen in verschiedene Teilprozesse aufteilen und diese in einer bestimmten Reihenfolge angehen.

Nur Anfänger erkennen Teilprozesse nicht und versuchen, alles gleichzeitig zu tun: Fleisch anbraten, weiterlesen im Rezept, Knoblauch schälen, Muskatnuß suchen und den Tisch decken. Kein Wunder, sind sie am Ende so geschafft, dass sie das Essen gar nicht recht genießen können.

Ähnlich geht es beim Lernen, wenn man alles gleichzeitig tun will: elaborieren, memorieren, Vorwissen aktivieren, strukturieren und dabei noch überlegen, was man lernen sollte – man verliert den Spaß daran. Lernen an sich ist schon nicht einfach und so wird es tatsächlich schwierig. Es erstaunt

nicht, wenn es unter solchen Umständen immer wieder aufgeschoben wird.
Bevor Sie sich ans Erarbeiten von Inhalten machen, ist deshalb eine Denkpause angesagt. In dieser Denkpause vergegenwärtigen Sie sich die Aufgabe und die Teilprozesse, die dabei ablaufen. Dann machen Sie sich Gedanken über Ziele und Vorgehensstrategien (ich werde am Schluss, wenn mehr bekannt ist über das Erarbeiten von Inhalten, auf die Strategien zurückkommen). Und dann kann es losgehen!

Den Lernprozess aufteilen

Ob Sie ein 5-Gang-Menü kochen, einen Artikel schreiben oder Darwins Evolutionstheorie erarbeiten – alle diese Prozesse verlaufen im Großen und Ganzen nach demselben Prozessschema, das Sie in Teil 3, »Den Lernprozeß angehen«, kennen gelernt haben. Und Könnerinnen und Könner auf dem jeweiligen Gebiet teilen ihre Arbeit in Teilprozesse auf. Und dies aus gutem Grund:
Sie wissen bereits, dass jede Phase eine ganz spezifische geistige Disposition erfordert. Während der Geist beim Aktivieren des Vorwissens auf offene und suchende Weitwinkelperspektive eingestellt ist, muss er beim Elaborieren oft auf Details fokussieren. Beim Reduzieren wiederum ist Entschlusskraft vonnöten. Und eine andere geistige Disposition ist für das Memorieren erforderlich. Diese ständigen Dispositionsänderungen sind anstrengend. Deshalb ist das Aufteilen in verschiedene Phasen hilfreich, selbst wenn sich die einzelnen Teilprozesse beim Lernen überlagern.

Denkpause vor dem Start

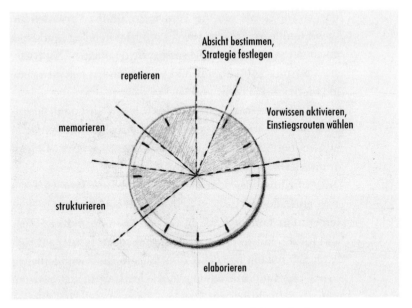

Zeitliches Aufteilen von Lernprozessen

Die nahe liegendste Aufteilung ist die zeitliche. Sie ist sehr sinnvoll und Goethe zum Beispiel wusste sie zu nutzen. So schreibt er in seiner »Italienischen Reise«:[6]

> In Rom aber ging die Arbeit in geziemender Stetigkeit fort. Abends beim Schlafengehen bereitete ich mich aufs morgendliche Pensum, welches denn sogleich beim Erwachen angegriffen wurde. Mein Verfahren dabei war ganz einfach: Ich schrieb das Stück ruhig ab und ließ es Zeile vor Zeile, Period vor Period regelmäßig erklingen. Was daraus entstanden ist, werdet ihr beurteilen. Ich habe dabei mehr gelernt als getan.

Machen Sie es wie Goethe! Aktivieren Sie Ihr Vorwissen am Abend und legen Sie fest, was Sie am nächsten Tag bearbeiten möchten. So wird Ihr Unbewusstes weiterarbeiten. Sie bauen einen Spannungsbogen auf und werden anderntags neugierig und motiviert ans Lernen gehen.

Auch Elaborieren und Strukturieren lassen sich zeitlich aufteilen. Eine 45-minütige Lernsession kann unterteilt werden in 30 Minuten Elaborieren und Reduzieren und 15 Minuten Strukturieren.

Die Aufteilung des Lernens in verschiedene Prozessphasen kann auch durch das Wechseln des Lernortes bewerkstelligt werden. Für Frühaufsteher bietet sich die morgendliche Zugfahrt für das Einstimmen auf die kommenden Inhalte an. Sich durch Schmökern neugierig zu machen gelingt wunderbar in einer Umgebung mit schöner Aussicht. Und fürs Repetieren kann der Schreibtisch verlassen und die gemütliche Ecke aufgesucht werden.

Selbst wenn sich die Prozesse nicht aufteilen lassen – reduktive Prozesse etwa kommen in allen Phasen vor –, ist es wichtig, dass man sich bewusst ist, dass es a) verschiedene Prozesse gibt und b) jeder Prozess eine ganz spezifische geistige Disposition und damit auch eine Einstellung auf bestimmte Denkstile erfordert.

 Überlegen Sie sich, wie Sie die Teilprozesse a) zeitlich und b) örtlich aufteilen könnten. Machen Sie eine Skizze und experimentieren Sie.

Nie ohne Absicht!

Vielleicht fühlen Sie sich etwas provoziert durch mein »nie ohne Absicht!«. Nun, das ist gewollt, und ich will Sie gleich noch etwas weiter herausfordern: Beginnen Sie nie und nimmer eine Lernsession – auch wenn sie nur 20 Minuten dauert – ohne klare Absicht! Nie, denn zu lernen, ohne eine bestimmte Absicht zu haben, ist reine Zeitverschwendung!

Was meine ich mit dem Begriff »Absicht«? Eine Absicht ist der Wunsch oder Wille, etwas Bestimmtes auszuführen oder ein Resultat zu erreichen. Sie fokussieren mit einer Absicht Ihre Aufmerksamkeit auf dieses Ziel wie mit einem Scheinwerfer.

Das Fokussieren ist entscheidend. Denn alles, was ablenkt, vermindert unsere an und für sich schon begrenzte Aufmerksamkeit.

Aufmerksamkeit kann als mentale Energie betrachtet werden. Wir müssen sorgsam damit umgehen, sonst verpufft sie wirkungslos in alle Richtungen wie Streulicht.

Mit einer Absicht geben wir dieser Energie eine ganz bestimmte Richtung. Sie wird gebündelt, wir fühlen uns geladen und kraftvoll.

Absichten können ganz verschiedener Natur sein

Was Sie genau beabsichtigen, kann ganz verschiedener Natur sein: Sie können sich zum Beispiel vornehmen, sich ganz einfach inspirieren zu lassen oder neugieriger auf den Inhalt zu werden und ein paar Schlüsselbegriffe zu suchen. Diese Absicht darf nicht unterschätzt werden, denn Neugierde und Interesse sind der Motor für jedes weitere Lernen.

Sie können aber auch etwas ganz Spezifisches ins Auge fassen: »Ich will wissen, was der Begriff ›Lern-Chreoden‹ bedeutet, den ich in der Ankündigung des Vortrages über Erwachsenenbildung gelesen habe.«

Das Ziel muß man früher kennen als die Bahn.
JEAN PAUL

Inhalte erarbeiten

Wenn Sie einen Lernnachmittag vor sich haben, blättern Sie vielleicht den Stoff kurz durch, bevor Sie die Absicht und den Detaillierungsgrad festlegen. Die Absicht kann dann so lauten: »Ich werde das Skript über die Milchsäurebakterien durcharbeiten, und zwar so, dass ich morgen in der Lerngruppe darüber aus dem Stegreif einen kleine Vortrag halten könnte. Als Gedächtnisstütze fertige ich eine Mindmap, die ich mir anschließend einpräge.«

Wir haben im Teil 2 über die Konzentration gesehen, dass unser Geist beschäftigt sein will. Er möchte etwas herausfinden, erforschen, entdecken und tun. Wenn man dies beim Formulieren der Absicht berücksichtigt, muss man sich auch nicht um Konzentration bemühen – sie kommt von selbst!

»Was will ich?« – Stellen Sie sich diese Frage immer, bevor Sie etwas lesen oder lernen. Ihre Antwort lässt Sie motivierter und zielgerichteter an die Aufgabe gehen.

Sich auf eine Absicht zu besinnen ist äußerst wirkungsvoll. Probieren Sie, sich dies zu einer guten Gewohnheit zu machen. Sie werden den Effekt bald spüren.

Der richtige Einstieg ist entscheidend

»*You never get a second chance to make a first impression*«, sagen die Amerikaner. Und einen guten ersten Eindruck zu machen spielt nicht nur bei der Stellensuche eine überaus große Rolle. Auch der erste Eindruck, den Sie von einem neuen Wissensgebiet gewinnen, ist genauso entscheidend für das weitere Interesse und die Motivation zu lernen.

Der richtige Einstieg ist entscheidend

Der Einstieg in ein Thema soll deshalb nicht dem Zufall überlassen werden. Die Art und Weise, wie Sie etwas angehen, soll Lust und Interesse wecken und das Vorwissen aktivieren. Jeder Lerntyp hat seine Präferenzen: die einen werden durch eine Biografie oder einen Videofilm motiviert; die anderen durch Statistiken und Sachbücher.

In diesem Kapitel werden Sie Ideen für verschiedene Einstiegsrouten erhalten. Ich werde Sie auch ermuntern, dem Einstieg in ein neues Thema genügend Zeit zu widmen. So bekommen Sie Lust auf mehr.

In einem jeden neuen Kreis muß man zuerst wieder als Kind anfangen, leidenschaftliches Interesse auf die Sache werfen, sich erst an der Schale freuen, bis man zu dem Kerne zu gelangen, das Glück hat.
GOETHE

Verschiedene Einstiegsrouten

Im Kapitel »Den persönlichen Lernstil finden« wurde dargestellt, wie man mit Hilfe des Hirndominanz-Modells von Ned Herrmann den eigenen Denk- und Lernstil erkennen und optimieren kann. Sie haben sich selbst beurteilt und gesehen, in welchen Quadranten Ihre Stärken liegen. Je ausgeprägter ein bestimmter Denkstil ist, desto eher wendet man ihn an: Die im D-Quadranten starke Architektin macht am liebsten kühne Entwürfe, während ein im B-Stil denkender Jurist es bevorzugt, kleinste Ungereimtheiten herauszufinden.

Wenn Sie sich für ein Thema begeistern und motivieren möchten, tun Sie dies am wirksamsten mit einem Einstieg, der Ihrem bevorzugten Denkstil entspricht.

In der Tabelle auf Seite 176 finden Sie einen Überblick über verschiedene Einstiegsmöglichkeiten in ein Gebiet. Zudem sehen Sie, welcher der vier Denkstile wovon jeweils besonders stark angesprochen wird.

The great source of pleasure is variety.
SAMUEL JOHNSON

Einstieg und Aktivierung durch	Denkstil (nach Ned Herrmann)
Anekdoten, Geschichten, Biografien, Filme	C, B (D)
Phänomene	D, A
Statistik, Zahlen	B, A
Definitionen, Formeln	A
Überblicke, Kurzfassungen	D
Gespräche	C

Wählen Sie mehrere Einstiegswege. Damit aktivieren Sie Ihren Geist nachhaltig.

Anekdoten, Geschichten, Biografien, Filme. Wer fühlt sich nicht angesprochen durch Geschichten und Anekdoten? Geschichten sind das Fleisch um dürre theoretische Skelette, sie regen unsere Fantasie an und erwecken große Namen wie Newton oder Napoleon, Curie oder Cäsar zum Leben.

Geschichten und Biografien eignen sich wunderbar für den Einstieg in einen Lernstoff. Sie regen auch später immer wieder an, wenn Sie mitten in der Erarbeitung eines Gebietes stecken und einen Motivationsschub brauchen. Ich erinnere mich, wie hilfreich für mich während der Abitur-Vorbereitung die Kurzbiografien der Habsburger Kaiserin Maria Theresia und ihres preußischen Gegenspielers Friedrich der Große waren: die historischen Ereignisse machten wieder Sinn und weckten mein Interesse an dieser Epoche.

Die meisten Namen aus Geschichte und Wissenschaft lassen sich in großen Lexika finden. Machen Sie die Probe aufs Exempel! Sie werden nicht nur verstaubte Daten, sondern in kurzer Zeit viele anregende Details über die Beschriebenen finden.[7] Wussten Sie zum Beispiel, dass Sir Isaac Newton 1642 als Halbwaise auf die Welt kam und ihn seine Mutter bald bei der Großmutter zurückließ, um mit ihrem neuen, reichen Ehemann im Nachbardorf eine Familie mit drei Kindern zu gründen? Newton hasste seinen Stiefvater, und in einer Liste des 20-jährigen Isaac über seine früheren Sünden findet sich unter anderem Folgendes: »Meinen Vater und meine Mutter bedroht, sie und das Dach über ihnen zu verbrennen.«

Vielleicht finden Sie auch Videos oder Kurzfilme, die Ihnen einen bunten und anregenden Einblick in ein Gebiet verschaffen. Etwas Abwechslung im Informationsaufnahme-Modus kann nicht schaden!

Phänomene. Erinnern Sie sich, wie Sie sich als Kind über den ersten Schnee freuten, wie Sie das leise Fallen der Flocken beobachteten und ab und zu eine einzelne für kurze Zeit auf Ihrem Handschuh liegen blieb? Wie Sie die Schneesterne entdeckten? Und erstaunt und entzückt waren von den filigranen, symmetrischen Mustern und Formen? Vielleicht konnten Sie diese Fähigkeit zu staunen beibehalten oder gar weiter kultivieren. Möglicherweise geht es Ihnen so wie jenem Studenten, der auf die Frage nach einer typischen Situation, bei der Lernen Spaß macht, Folgendes antwortete:

Das Schönste, was wir erleben können, ist das Geheimnisvolle. Es ist das Grundgefühl, das an der Wiege von wahrer Kunst und Wissenschaft steht.
ALBERT EINSTEIN

> Lernen macht mir Spaß, wenn ich zum Beispiel in einem Zoologiebuch etwas Überraschendes oder Unerwartetes über ein Tier lese. So lebt in Australien ein Regenwurm, der drei Meter lang wird! Oder in der

Botanik, wenn der Professor nicht nur vom riesigen Tannenzapfen erzählt, sondern ihn auch gleich mitbringt. An Stelle von vielen Zahlen muss ich mir einen Gegenstand einprägen, das andere kommt von selbst.

Erforschen und ergründen Sie Phänomene, die Sie faszinieren! Sie schaffen damit solide Wissenspfeiler, zwischen denen sich leicht eine Brücke schlagen lässt.
Eine Studentin erzählte mir einmal, wie sie als Gymnasiastin das Interesse an ihrem späteren Studienfach Geschichte entdeckt hatte. Sie behandelten im Unterricht Napoleon I., und die junge Frau wollte mehr über das Schicksal von Napoleons zweiter Frau Marie-Louise aus dem Hause Habsburg wissen. Sie hörte lediglich, daß Marie-Louise nicht mit dem Kaiser in die Verbannung ging. So forschte sie in der Bibliothek nach Marie-Louise und wurde bald fündig. Dies war für sie ein derartiges Erfolgserlebnis, dass sie sich bald darauf entschloss, Geschichte zu studieren.

Statistik, Zahlen. Vielleicht werden Sie weniger von Geschichten in den Bann gezogen. Dafür sind Sie von Zahlen, Diagrammen und Statistiken fasziniert. Statt den optimalen pH-Wert für das Wachstum eines bestimmten Bakteriums auswendig zu lernen, suchen Sie lieber gleich nach einem Diagramm, das das Wachstum in Funktion des pH-Wertes über einen größeren Bereich aufzeigt.
Haben Sie nur qualitative Aussagen, beschaffen Sie sich quantitative Daten. Statistische Jahrbücher enthalten zum Beispiel viel anregendes Zahlenmaterial. Sammeln Sie bewusst aus allen möglichen Quellen Daten über Ihr Gebiet. So macht es Ihnen mehr Spaß.

Definitionen, Formeln. Wenn Ihre Hirndominanz im ersten Quadranten liegt, lieben Sie wahrscheinlich Abstraktes wie Definitionen und Formeln.

Warum suchen Sie nicht zehn verschiedene Definitionen für einen schwer verständlichen Begriff? Ich habe dies in meinen Jahren als Chemikerin einmal mit »Entropie« gemacht, und der Effekt war fantastisch! Noch heute, wenn ich auf den Begriff stoße (selbst Psychologen verwenden ihn ab und zu), reizt es mich, meine damalige Sammlung an Definitionen zu erweitern.

Überblicke, Kurzfassungen. Viele Lehrbücher vermitteln zu Beginn oder am Ende von Kapiteln Überblicke. Wenn Sie als Einstieg verschiedene Zusammenfassungen zum Thema lesen, bekommen Sie bereits ein grobes Bild. Zeitschriften wie »Scientific American« oder »Bild der Wissenschaft« publizieren oft stimulierende Artikel. Ebenso enthalten große Lexika anregende Überblicke zu den verschiedenen Themen.

Gespräche. Wenn Sie die Möglichkeit haben, sich durch eine Expertin oder einen Experten in ein Gebiet einführen zu lassen: packen Sie diese Gelegenheit beim Schopf! Persönliche Gespräche bilden ausgesprochen motivierende und nachhaltig wirkende Einstiegsrouten, denn Geist und Gefühl werden dabei sehr stark involviert.

Im Grunde ist es die nahe liegendste Methode des Lernens und sie wird auch seit Menschengedenken praktiziert. Man erfährt oft mehr durch Gespräche, als einem bewusst ist. Sei es, dass uns eine Kollegin in ein neues Computerprogramm einführt oder dass uns ein Könner erklärt, wie am neuen Fahrrad die Feineinstellung der Gangschaltung funktioniert – im

Die Menschen verbessern sich selten, wenn sie kein anderes Vorbild haben als sich selbst.
OLIVER GOLDSMITH

persönlichen Gespräche spüren Sie auch die Faszination, die das betreffende Gebiet auf Expertinnen und Experten ausübt. Gehen Sie dieser Faszination nach. Fragen Sie, was das große Interesse ausmacht. Und lassen Sie sich anstecken!

Den Mut haben, sich genügend Zeit zu nehmen

Auf verschiedenen Wegen in ein Gebiet einzusteigen ist lustvoll, doch es benötigt Zeit. Die meisten Menschen lassen sich zu wenig Zeit dafür. Sie fühlen sich unsicher und meinen, dies sei keine produktive Arbeit. Selbst wenn sie wissen, dass der Einstieg wichtig ist, haben sie nicht den Mut, sich die nötige Zeit zu nehmen.

Wer hohe Türme bauen will, muß lange beim Fundament verweilen.
ANTON BRUCKNER

Als Läuferin habe ich dieses Phänomen immer wieder beobachtet: Nach dem Startschuss für einen Zehn-Kilometer-Lauf preschen fast alle Läufer los, als wäre es bloß ein Meilenlauf. Jeder Amateur weiß, dass er eigentlich in seinem eigenen Rhythmus laufen und die Startphase eher langsam angehen sollte, doch kaum einem gelingt es, sich zurückzuhalten, um erst später zum Feld aufzuschließen.

Interessant ist in diesem Zusammenhang auch eine Untersuchung an der School of the Art Institute in Chicago aus dem Jahre 1976.[8] Dabei wurde die Art und Weise, wie Kunststudentinnen und -studenten eine kreative Aufgabe angingen und lösten, erforscht. Den jungen Leuten wurden sehr viele verschiedene Objekte zur Verfügung gestellt, verbunden mit der Aufgabe, aus einigen davon ein Stillleben zu schaffen. Die Kunstwerke wurden von unabhängigen Experten beurteilt. Die Forscher ihrerseits, Getzels und Csikszentmihalyi, interessierten sich nicht für das Endprodukt, sondern wie die

Studierenden die Aufgabe in Angriff nahmen und durchführten. Während die einen sich sehr rasch für einige wenige Objekte entschieden und sich bald ans Komponieren des Stilllebens machten, beschäftigten sich andere länger damit. Sie prüften die Gegenstände mit den Händen, spielten damit, rochen daran, hielten sie gegen das Licht oder bissen sogar hinein. Hatten sie sich für ein paar Gegenstände entschieden, experimentierten sie länger als die Kollegen. Auch noch in der Kompositionsphase entwarfen, verwarfen und begannen sie wieder von vorne. Ihr Stillleben nahm erst zu einem relativ späten Zeitpunkt seine endgültige Form an.

In der Beurteilung der Werke durch die Experten zeigte sich ein klarer Unterschied: Die Kompositionen der Studierenden, die sich für den Einstieg Zeit zum Experimentieren genommen hatten, wurden durchwegs als origineller und von höherem ästhetischem Wert bewertet.

Der Berufsweg der Studierenden wurde weiter verfolgt. Sieben Jahre später ließ sich Ähnliches wie damals feststellen: Unter den noch künstlerisch Tätigen waren diejenigen die Erfolgreichsten, die bei der ersten Untersuchung spielerisch an die Aufgabe herangegangen waren und sich dafür auch genügend Zeit genommen hatten.

In a changing environment, those organisms survive that develop the most favourable variations.
CHARLES DARWIN

Gibt es bei Ihnen ein Gebiet oder ein Fach, für das Sie sich etwas mehr motivieren wollen? Denken Sie sich eine Einstiegsroute aus, die Ihnen Spaß machen könnte. Und tun Sie's.

Inhalte erarbeiten

Beim Elaborieren das Spielen nicht vergessen

Wenn man das Lernen als einen Entdeckungsprozess betrachtet, bringt wohl der Teilschritt des Elaborierens am meisten Neues. Denn was ist das plötzliche Begreifen eines Gesetzes oder das überraschende Erkennen von Zusammenhängen anderes als eine Entdeckung?

Spielen ist die einzige Art, richtig verstehen zu lernen.
FREDERIC VESTER

Das Elaborieren ist oft der anspruchsvollste Lernschritt und fordert nicht nur das Denken, sondern auch die Fantasie und unsere Gefühle. Wir müssen unser Vorwissen, unsere Erfahrungen und neue Information in Einklang bringen, das heißt das Ganze begreifen und verstehen. Wir benötigen dazu einerseits Weitblick, um große Zusammenhänge sehen zu können. Andererseits ist die Auseinandersetzung mit Details und das Präzisieren von Dingen notwendig.

Das Elaborieren hat sowohl ernsthafte wie auch spielerische Aspekte. Fürs Spiel findet sich bei Jean-Paul Sartre eine schöne Passage. Sie erinnern sich, wie er als Bub – mit einem Konfitürenbrot neben sich – auf dem Teppich lag, las und sich dabei ständig bewusst war, daß er am Abend über das Gelesene erzählen musste. Der Philosoph beschreibt auch, wie er die schwierigen Sätze und Wörter im Text anging:

> Ich lag auf dem Teppich und unternahm anstrengende Reisen mit Hilfe von Fontenelle, Aristophanes, Rabelais. Die Sätze leisteten mir genauso Widerstand wie die Dinge; man mußte ihnen auflauern, sie umgehen, man mußte so tun, als entferne man sich, und dann rasch zu ihnen zurückkommen, wollte man sie unbewaffnet überraschen: die meiste Zeit behielten sie ihr Geheimnis für sich.

Der junge Sartre vergnügte sich mit den Sätzen wie in einem spielerischen Ringen. Machen Sie sich in dieser Stimmung und im Geist des großen Denkers an das Erarbeiten des Lernstoffes! Spielerisch, auch wenn Sie wissen, dass die Reise durch den Stoff anstrengend sein wird.

Wir wollen uns nun drei Strategien für den Elaborationsprozess etwas genauer ansehen. Und zum Schluss möchte ich Ihnen noch von einer wunderschönen Entdeckung erzählen.

Innere Zwiegespräche führen

Jean-Paul Sartre spricht mit den Sätzen und Dingen. Sie bekommen dadurch für ihn eine besondere Bedeutung. Etwas weniger abstrakt ist die Kommunikation mit dem Autor oder mit der Autorin eines Textes: Stellen Sie sich vor, der Autor habe das Buch speziell für Sie geschrieben, betrachten Sie das Geschriebene als persönlichen Brief. Führen Sie beim Lesen ein stilles Zwiegespräch mit ihm (oder mit ihr). Sagen Sie ihm, wenn Sie etwas gut finden, machen Sie ihm ein Kompliment, wenn Ihnen seine Einführung zu einem Thema ein einleuchtendes Bild vermittelt. Formulieren Sie es selbst, wenn er etwas zu umständlich beschrieben hat, suchen und vergleichen Sie Aussagen von anderen Autoren, wenn Sie seine Darstellung nicht plausibel finden.

Die Schriftstellerin Christa Wolf hat einmal gesagt: »Jeder Leser arbeitet auch an dem Buch mit, das er liest.« Dies gilt nicht nur für literarische Werke, bei denen den Leserinnen und Lesern für eigene Deutungen viel Spielraum bleibt. Auch an Sachbüchern arbeiten die Lernenden sehr viel mit, und jeder und jede muss sich mit dem Inhalt auseinander setzen, ihn

Inhalte erarbeiten

verstehen wollen, ihn innerlich nachvollziehen und daraus die ganz persönlichen Vorstellungen und mentalen Konzepte aufbauen.

Denken ist Reden mit sich selbst.
IMMANUEL KANT

Selbstgespräche. Innere Zwiegespräch kann man nicht nur mit den Autoren der Texte, sondern auch mit sich selbst halten. Oft klärt lautes Sprechen mit sich selbst komplizierte Abläufe und Gedankengänge. Selbstgespräche helfen auch, sich zu konzentrieren. Unterstützend wirken dabei Skizzen: Zeichnen Sie zunächst einen komplizierten Sachverhalt auf. Erklären Sie ihn dann sich selbst – hörbar, klar und deutlich.

Manchmal haben Selbstgespräche auch eine negative Wirkung. Nämlich dann, wenn Sie sich selbst kritisieren, weil Sie etwas nicht verstehen oder irgendetwas wieder vergessen haben. Üben Sie Geduld und Nachsicht mit sich selbst! Gehen Sie liebevoll mit sich um.

Analogien bilden

Analogien sind Beispiele aus unserer Erfahrungswelt, die als Vermittler zwischen bestehendem und neuem Wissen dienen können. Sie erinnern sich an die Schule: Das Herz wird mit einer Pumpe verglichen, der Stromkreislauf mit einem Wasserkreislauf. Und der eigene Arm wird benutzt, um die Hebelwirkung zu erklären.

Dank Analogien kann man sich von Dingen, die zunächst unvorstellbar scheinen, ein Bild machen. Sie bringen Übersicht in komplizierte Abläufe und lassen uns im vermeintlichen Durcheinander Strukturen erkennen. Analogien helfen auch, tiefer in den Stoff einzudringen und ihn zu verstehen. Und nicht zuletzt lassen sich die Dinge mit Hilfe von Analogien oft auch besser merken. Dabei muss man sich jedoch der Grenze solcher Vergleiche bewusst sein.

Wir haben bereits gesehen, wie Analogien aus dem Bereich des Sporttrainings dazu dienen, die persönlichen Lernstrategien zu verbessern.

Als Beispiel für den besseren Überblick über komplizierte Abläufe eignet sich folgende Analogie:

Zelle – Fabrik. Um die Funktionen der Zellbestandteile einer tierischen Zelle zu erklären, kann eine Fabrik als Vergleich herangezogen werden:[9]

Fabrik	Tierische Zelle
Zaun um das Areal mit verschiedenen bewachten Eingängen	Membran
Kontrollzentrum	Zellkern
Luft im Fabrikationsgebäude	Cytoplasma
Generatoren	Mitochondrien
Produktionsanlagen	Ribosomen
Interne Anlieferung und Lagerung	Endoplasmatisches Reticulum
Verpackung und externe Anlieferung	Golgi Apparat

Das konkrete Schema der Abläufe in der Fabrik bildet eine Vorlage, eine Matrize, in die sich die Funktionen der Zellbestandteile leicht einordnen lassen.

Das Wort »Zelle« selbst ist auch aus einer Analogie entstanden. Der Begriff wurde im Jahre 1665 vom englischen Universalgelehrten Robert Hooke geprägt. Er untersuchte dünne Schnitte aus Kork unter dem Lichtmikroskop und sah wabenartige Hohlräume. Diese erinnerten ihn an ähnlich angeordnete Räume, in denen Mönche leben – an die Zellen.

Buch – Haus. Gehen wir von den Zellen der Mönche einen Schritt weiter zu einem ganzen Haus. Im mittlerweile zum Klassiker gewordenen Werk »How to Read a Book« von Mortimer J. Adler und Charles van Doren[10] wird ein Buch mit einem Haus verglichen: Es enthält wie ein Haus eine Anordnung von Räumen beziehungsweise von Teilen. Das Haus hat viele Räume auf verschiedenen Stockwerken; die Räume unterscheiden sich in Größe, Form und Ausblick. Sie dienen verschiedenen Zwecken, und jeder Raum ist ein Stück weit von den anderen unabhängig und hat seine eigene Einrichtung. Damit das Haus als Ganzes seine Funktion erfüllen kann, müssen die Räume miteinander verbunden sein. Es hat Türen, Eingänge, Durchgänge, Korridore und Treppen.

Diese Buch-Haus-Analogie ist hilfreich, wenn man sich zum Beispiel die inhaltliche Struktur eines Sachbuches merken will. Auf diesen Aspekt wird in Teil 5, »Das Vergessen nicht vergessen«, noch ausführlicher eingegangen.

Sprache – Stadt. Machen wir noch einen kurzen Abstecher vom Haus zur Stadt. Lassen Sie sich von Ludwig Wittgensteins Analogie zur Sprache inspirieren:[11]

Ein Bild ist ein Gedicht ohne Worte.
HORAZ

> Unsere Sprache kann man ansehen als eine alte Stadt:
> Ein Gewinkel von Gäßchen und Plätzen, alten und
> neuen Häusern, und Häusern mit Zubauten aus verschiedenen
> Zeiten; und dies umgeben von einer Menge
> neuer Vororte mit geraden und regelmäßigen Straßen
> und mit einförmigen Häusern.

Diese wunderschöne Analogie zeigt auf, wie die Sprache – genauso wie das Stadtbild – einer ständigen Veränderung unterworfen ist.

Analogien als Denkplattformen. Durch Analogien kann man sich nicht nur bessere Vorstellungen von Phänomenen, Strukturen und Abläufen machen. Analogien bilden auch kleine Denkplattformen, von denen aus man sich tiefer und tiefer in etwas hineindenken kann. Dies haben sich die großen Denker aller Zeiten zu Nutze gemacht.
James Clerk Maxwell zum Beispiel, der 1860 Elektrizität und Magnetismus mit seinen vier brillanten Gleichungen vereinte, arbeitete mit einfachen Bildern und Analogien. Er stellte sich magnetische und elektrische Felder als Wirbel oder als Systeme von Zahnrädern vor. Seine berühmten Gleichungen entstanden allein durch seine Denkarbeit. »Wenn Sinne und Wille still sind, durch Gedanken, die kommen und gehen …« hat er dies einst beschrieben.[12]

Imagination ist wichtiger als Wissen.
ALBERT EINSTEIN

Bezüge zum Alltagswissen schaffen

Es ist kein Zufall, dass ich immer wieder Beispiele aus der Mikrobiologie verwende. Ich liebte dieses Fach schon während des Studiums sehr, nicht zuletzt weil ich auf die praktischen

Erfahrungen aus der Zeit als Biologielaborantin zurückgreifen konnte. Meine Mitstudierenden fanden Mikrobiologie mühsam, weil es ihrer Auffassung nach viel zu viel auswendig zu lernen gab. Mehr noch, sie erlebten beim Lernen oft Interferenzen. Das heißt, die Eigenschaften der Mikroorganismen, ob Gram-positiv oder Gram-negativ, ihr Aussehen, die optimalen pH-Werte und Temperaturen für das Wachstum wurden als so ähnlich empfunden, dass es beim Memorieren und Wiedergeben zu Verwechslungen kam.

An diese Bakterien, die alle so ähnlich aussehen, dachte ich kürzlich, als ich mir zusammen mit Adrian, meinem 11-jährigen Patenkind, im Fernsehen ein Fußballspiel ansah. Adrian ist ein großer Fan der Grashoppers und war vom Spiel zunächst begeistert, weil sein Klub das erste Tor geschossen hatte. Als die Gegner ausglichen, wurde er zunächst etwas ruhiger. Er kommentierte aber eifrig das Verhalten der einzelnen Spieler, deren Namen er alle kannte. Für mich glich der Blick auf die roten und blau-weißen Spieler einem Blick in ein Mikroskop, wo sich Gram-positive und Gram-negative Bakterien tummeln: Ich konnte keine große Unterschiede ausmachen und fand es ziemlich langweilig. Hätte ich die Namen und besonderen Eigenschaften jedes einzelnen Spielers auswendig lernen müssen, wäre ich gar nicht erfreut gewesen. Für Adrian war das kein Problem, und er musste sich in seiner Begeisterung auch nie explizit vornehmen, alle Einzelheiten zu lernen.

Wir haben bereits im Abschnitt »Erinnerungen« gesehen, dass man sich Dinge sehr gut merken kann, wenn ein starker Bezug zu den eigenen Interessen und Erfahrungen vorhanden ist. Adrian spielt selber sehr häufig Fußball und möchte ein Star werden. Die jeweils neu hinzukommenden Informationen ergänzen sein Wissen und seine eigenen Erfahrungen.

Auch beim Lernen lassen sich oft sehr gute Bezüge zu eigenen Erfahrungen schaffen. Wie wär's, wenn Sie neben dem Studium der Milchsäurebakterien einmal selbst Jogurt herstellen würden? Vielleicht produzieren Sie auch gleich noch einen kleinen Käse oder lassen sich von einer Bäuerin zeigen, wie man Sauerkraut herstellt. Sprechen Sie mit dem Bauern über die Silagen. Etwas über die Herstellung von Jogurt und Käse zu lesen, könnte helfen, die entsprechenden Mikroorganismen ein für alle Mal auseinander zu halten.

Die Lerninhalte werden auch beim Erteilen von Nachhilfestunden lebendiger oder durch Diskussion mit Mitstudierenden. Organisieren Sie regelmäßige Zusammenkünfte mit einem Kollegen oder einer Kollegin. Diskutieren Sie Inhalte, die Sie für sich alleine bereits durchgearbeitet haben. So ist der Nutzen am größten.

Die Zeit, die Sie aufwenden, um das Gelernte mit Erfahrungen zu verbinden, lohnt sich langfristig immer. Sie überführen damit das oberflächliche, deklarative Wissen in angewandtes Wissen. Solches Wissen ist nicht nur besser gespeichert, man kann auch einfacher und in allen möglichen Situationen darauf zurückgreifen.

Eine wunderschöne Entdeckung

Wenn man sich mit den Prozessen rund ums Lernen befasst, macht man immer wieder überraschende Entdeckungen. Wahrscheinlich führt die Lektüre dieses Buches bei Ihnen auch gelegentlich zu Aha-Erlebnissen oder plötzlichen Erkenntnissen. Ich selbst habe während des Schreibens fast täglich neue Ideen und Erkenntnisse gehabt.

Inhalte erarbeiten

Eine der schönsten Entdeckungen hatte mit dem Elaborationsprozess zu tun, und ich möchte Ihnen die kleine Geschichte nicht vorenthalten:
Während ich im Erdgeschoss am Schreiben war, übte mein Mann jeden Tag im oberen Stockwerk Querflöte. Obwohl ich sonst nie mit Hintergrundmusik lerne oder arbeite, mochte ich seine Sonaten und Fingerübungen sehr. Diese Art von Musik und sein Üben schien meine eigenen Arbeitsprozesse irgendwie zu unterstützen. Als mich mein Mann wieder einmal fragte, ob mich seine ewige »Überei« nicht störe, begann ich mir genauer zu überlegen, warum mir seine Musik als Hintergrund für meine Denk- und Schreibarbeit gefiel und weshalb sie mich sogar positiv beeinflusste. Mir kam dabei in den Sinn, dass ich auch früher in Zeiten der Examensvorbereitungen oft Sonaten – Klaviersonaten von Beethoven – hörte. Es schien mir, dass mich diese Musik in eine geistige Disposition gebracht hatte, die das Erarbeiten des Stoffes erleichterte und mein Denken klärte.
Während ich also über Sonaten sinnierte, kam plötzlich der Geistesblitz: Eine klassische Sonate *ist* ein hörbarer Elaborationsprozess!
Eine Sonate beginnt im ersten Satz, der Exposition, mit einem musikalischen Kontrast zweier Themen, vergleichbar der anfänglichen Unvereinbarkeit von Vorwissen und neuer Information beim Lernen. Die verschiedenen Charakteristika der beiden Themen werden im mittleren Satz der Sonate in melodischer, harmonischer und rhythmischer Hinsicht verarbeitet. Sie werden dabei verändert, zerlegt und neu zusammengefügt. Die Spannung steigt, bis sich die verschiedenen Argumente in einer Synthese zusammenfinden. Was ist diese Synthese nun anderes als das plötzliche Verstehen, als die Assimilation von

neuem Wissen in Bestehendes? Der Schlusssatz einer klassischen Sonate schließlich, die Reprise, zeigt die musikalischen Themen der Exposition in einem neuen Licht. So, wie wir bearbeitete Inhalte anders sehen, wenn sich bekannte und neue Information zu einem kohärenten Ganzen zusammengefügt haben.

Ich habe die Erfahrung gemacht, dass mich der musikalische Elaborationsprozess – Sonaten – auch auf geistige Elaborationsprozesse einstimmt. Ich habe seit dieser schönen Entdeckung vermehrt darauf geachtet, wie das Flötenspiel meines Mannes bei verschiedenen Gelegenheiten auf mich wirkt. Dabei habe ich herausgefunden, dass es Tage gibt, an denen mich diese Musik leicht irritiert. Ich habe realisiert, dass ich an jenen Tagen gar nicht in einem Elaborationsprozess (Verfassen des Manuskriptes) steckte, sondern mich mit der Konzeption eines ganzen Kapitels beschäftigte. Wir wissen, dass beim Konzipieren die geistige Disposition anders ist als beim Schreiben: Der Geist ist auf Überblick und auf den großen Wurf eingestellt. Die rechte Hirnhälfte kommt zum Zuge, bildliches und räumliches Vorstellungsvermögen, Fantasie, Intuition, Ideen und Synthese sind gefragt. Beim Schreiben hingegen, genauso wie bei der Sonate, reiht sich Satz an Satz oder Takt an Takt. Das sequenzielle Denken und das Präzisieren, Fähigkeiten die der linken Hirnhälfte zugeschrieben werden, herrschen vor.

Beim Elaborieren das Spielen nicht vergessen – wie wär's, wenn Sie zur Abwechslung statt bloß im Kopf auf Ihrem Instrument dasselbe tun – oder sich ganz einfach hinsetzen und sich Sonaten anhören würden? Wie wirkt sich diese Art von Musik auf Ihr Lernen aus? Probieren Sie es aus.

Intelligent reduzieren und strukturieren

Intelligent reduzieren spart viel Zeit, ganz egal, ob Sie zu Beginn einer Lernperiode zunächst alles Überflüssige an Stoff und an Unterlagen aussortieren oder ob Sie sich später von einem Kapitel lediglich die Überschriften merken. Es hilft Ihnen, am Schluss ein klareres Bild des Gelernten im Kopf zu haben. Denn zu den reduktiven Prozessen gehört auch das Zusammenfassen und Strukturieren.

Da mit den reduktiven Prozessen jeweils die Frage auftaucht, was denn wesentlich sei, werde ich Ihnen in diesem Kapitel auch aufzeigen, wie das Wesentliche aus einem Buch oder Gebiet herausgearbeitet werden kann.

Reduktive Prozesse

Reduktive Prozesse beginnen beim Umgang mit der täglichen Informationsflut und enden, wenn zum Beispiel während des Lesens der Sinn eines ganzen Abschnittes mit einem einzigen Schlüsselwort erfasst wird.

Im Lernalltag gilt es zunächst, eine Vorselektion zu treffen und aus der Stofflawine alles auszusortieren, was man nicht lernen will. Wenn Sie sich zum Beispiel auf eine mündliche Physikprüfung von 15 Minuten Dauer vorbereiten, lohnt es sich, nachzufragen, ob in dieser kurzen Zeit überhaupt Rechnungen gelöst werden müssen. Wenn die Fragen auf das generelle Verständnis abzielen, kann man sich das Üben vieler Berechnungen ohne weiteres sparen.

Die Entscheidung, gewisse Inhalte ganz wegzulassen, hat eine wichtige psychologische Komponente. Denn so schwindet das

Intelligent reduzieren und strukturieren

Gefühl der Ohnmacht, das sich in Anbetracht der großen Stoffberge einstellt. Ein Student beschreibt dies so:

> Spaß macht es, sobald das Gefühl weg ist, hilflos vor einem unbewältigbaren Berg zu stehen. Spaß macht es, sobald es gelingt, die Dinge aktiv zu erfassen. Damit das möglich ist, muss die Stoffmenge befreit werden von Überflüssigem etc. Schlimm sind endlos lange Gedankengänge, denen man innerlich widersprechen möchte. Solches geht fast nicht in den Kopf hinein. Den Mut finden, Dinge wegzulassen, weil sie aufs Ganze gesehen unwichtig sind. Spaß macht es, sobald man Oberhand gewinnt.

Wenn es darum geht, zu entscheiden, was wichtig ist und was nicht, brauchen Sie Intelligenz, Einsicht und Ehrlichkeit. Sie dürfen sich nichts vormachen. Denn seien Sie realistisch: Wenn Sie heute etwas lernen und nicht bereit sind, das Gelernte sofort anzuwenden, zu üben oder immer wieder zu repetieren, können Sie es gleich weglassen oder zumindest auf einen Überblick reduzieren. Doch das braucht Einsicht und Courage! Wie viele Lernstunden werden doch aufgewendet, wie viele Kurse besucht – und nach ein paar Monaten ist alles wieder vergessen. Deshalb: Haben Sie Mut zum Minimum und zur Lücke! »Werfen Sie zuerst unnötigen Ballast ab« möchte ich auch den folgenden beiden Studenten raten. Auf die Frage nach einer frustrierenden Lernsituation meinten sie nämlich:[13]

- Vordiplom: Chemiebuch, etwa 600 Seiten. Ich hatte mir einen Überblick verschafft. Ich wusste, dass es viel Stoff war und dass ich wenig Zeit hatte. Ich sah bald ein, dass ich nicht fertig werden würde und dass das

Inhalte erarbeiten

> angeschlagenen Tempo zu schnell war, denn ich ging zu wenig in die Tiefe. Schlussendlich hatte ich gelernt, aber doch nichts (zu wenig) gelernt.
>
> - Es geht nicht um ein Fach, sondern ganz allgemein ums Lernen. Das Bild, das ich jeweils vor einer Prüfung vor Augen sehe, ist »ein Berg Bücher«. Die Frage, die ich mir stelle, ist: wo fange ich an? Frustrierend. Oft kommt es vor, dass ich zu viel Zeit für ein Fach brauche. Beispiel Anatomie: ich lerne von Anfang an jedes Detail so, dass ich den Überblick verliere und in Zeitnot gerate. Dies ist frustrierend und führt zu Prüfungsangst.

Anstatt vieles oberflächlich zu lernen (und schnell wieder zu vergessen), konzentrieren Sie sich besser auf weniger Stoff und vertieftes Lernen (wir werden am Schluss dieses Teils 4 darauf zurückkommen). Und statt »Wo fange ich an?« überlegen Sie zunächst »Was lasse ich weg?«.

Nach der Vorselektion müssen die verbleibenden Inhalte sowie die Gesamtsituation beurteilt werden. Müssen Sie sich einer Prüfung unterziehen und welches sind die Anforderungen? Wollen Sie das Gelernte anwenden können? Möchten Sie damit Ihr persönliches Wissen erweitern? Sie müssen wissen, was Sie vom Lernstoff wollen! Seien Sie selektiv und setzen Sie *Schwerpunkte*.

Einen Augenblick innezuhalten – zu Beginn einer Lernsession oder auch mittendrin – und sich zu überlegen, was man wissen will und bis zu welchem *Detaillierungsgrad* man es lernen soll, kann, wie Vorselektion und das Setzen von Schwerpunkten, viel Zeit und Energie sparen.

Das *Zusammenfassen*, Strukturieren und Verdichten von Stoff ist ebenfalls ein reduktiver Prozess. Er ist für das Lernen und Erinnern von größter Bedeutung.

Strukturieren

Wenn man den Stoff strukturiert, bringt man die Teile und Fragmente in eine logische, gut memorierbare und vor allem leicht abrufbare Form. Strukturieren bedeutet einordnen, zusammenfügen, klären, vereinfachen, Oberbegriffe einführen und Hierarchien bilden.

Beim Strukturieren wird das Wissen verdichtet. Es beansprucht so weniger Platz im Gedächtnis. Deshalb haben wir einen besseren Überblick über strukturiertes Wissen: Die Kapazität des Kurzzeitgedächtnisses reicht nun eher aus, alles ins Bewusstsein zu holen und ein Gesamtbild zu haben. Oft genügen einzelne Schlüsselwörter, um sogleich das Ganze zu sehen. Die Wichtigkeit des Strukturierens kann nicht oft genug betont werden. Es ist nicht nur für die Lernenden selbst von Bedeutung, sondern auch für die Lehrenden. So sieht auch der St. Galler Hochschulpädagoge Rolf Dubs die Qualität einer Vorlesung in deren Struktur:[14]

> Wesentlich ist indessen die Qualität der Vorlesung: Sie ist auf gut konstruierte Wissensstrukturen, die als Erschliessungswissen für späteres, selbstreguliertes Lernen dienen, auszurichten. Nicht die Fülle des vermittelten Wissens, sondern die Erhaltung seiner Struktur ist für den Nutzen einer Vorlesung bedeutsam.

Was für eine Vorlesung wünschenswert ist, gilt analog für das autodidaktische Lernen: Wesentlich für die Qualität sind gut durchdachte Wissensstrukturen. Nicht die Menge des Stoffes, sondern dessen Struktur ist für das Lernen bedeutsam. Denn eine bloße Aneinanderreihung von Fakten lässt sich schlecht abrufen.

Inhalte erarbeiten

Man wird bei allen Menschen von Geist die Neigung finden, sich kurz auszudrücken.
LICHTENBERG

Die wichtigste Voraussetzung für das Strukturieren ist der Überblick über das Ganze. So wie das Elaborieren dem Aufstieg – oder gar verschiedenen Aufstiegen – auf einen Berg gleicht, wenn man sich vor allem auf Fels und Weg konzentrieren muss und nur ab und zu einen Blick ins Weite riskieren darf, erfordert das Strukturieren den gesamten Überblick, den man nur oben auf dem Gipfel hat. Hat man den höchsten Punkt erreicht, ist man meist überwältigt. Denn erst zuoberst erblickt man die ganze Landschaft um sich herum. Man sieht nun alle Teile und Teilstücke, die man erarbeitet und begriffen hat, nebeneinander. Und diese Parzellen in der Wissenslandschaft gilt es nun zusammenzufügen und neu zu ordnen.

Je nach persönlicher Präferenz können die Strukturen als Mindmaps oder Skizzen aufgezeichnet werden. Eine andere Möglichkeit besteht im Erstellen von Listen oder Zusammenfassungen. Strukturen können auch gleich im Lehrbuch oder Skript mit Hilfe von Leuchtstiften hervorgehoben werden. Doch Vorsicht: Zu viel Hervorgehobenes führt wieder zu Unübersichtlichkeit.

Was liegt Ihnen persönlich eher: Skizzen, Mindmaps, Listen oder Zusammenfassungen? Haben Sie diese Möglichkeiten schon alle ausprobiert? Wenn nicht: Tun Sie's! Vielleicht stoßen Sie auf eine Strukturmethode, die Ihnen besser zusagt.

Wesentliches herausarbeiten

Mit dem Zusammenfassen, Strukturieren, Memorieren und Repetieren scheint die Lernarbeit getan. Möchten Sie sich aber zur souveränen Expertin oder zum großen Kenner eines Themas

Intelligent reduzieren und strukturieren

entwickeln, genügt dies nicht. Sie müssen den Stoff aus höherer Warte analysieren und beurteilen können. Dies kann auf der obersten Hierarchiestufe beginnen. Versuchen Sie, folgende Frage zu beantworten:

- Was sind die wesentlichen Fragestellungen, die in diesem Gebiet beantwortet werden?

Zum Beispiel: Was ist der Kern von Darwins Evolutionstheorie? Welche Rolle spielen Maxwells Gleichungen für die gesamte Physik? Warum ist Einsteins Relativitätstheorie so bedeutend? Vielleicht geben Ihnen Ihre Unterlagen darüber keine Auskunft. Dann suchen Sie weiter, fragen Sie Experten, konsultieren Sie Bücher. Denn wenn Sie erkannt haben, was wesentlich ist, ist dies wie eine Leitplanke für die weitere Unterscheidung von Wichtigem und Unwichtigem.
Als Nächstes kommen Fragen an ein Buch oder großes Skript:

Denn dies wird ja als der erste Schlüssel zur Weisheit bestimmt: das beständige und häufige Fragen.
PIERRE ABÉLARD

- Wovon handelt das Buch?
- Wie entwickelt der Autor / die Autorin das Hauptthema des Buches?
- Wie unterteilt er / sie das Hauptthema?
- Welches sind die Hauptideen und -gedanken?
- Welches sind die wichtigsten Erklärungen, Beweise und Argumente für die Hauptideen?
- Wie wichtig ist die Information für mich?
- Wie wichtig ist die Information für das ganze Gebiet?

Stellen Sie sich vor, ein Reporter würde Ihnen in einem schriftlichen Interview die obigen Fragen stellen. Wie lauten Ihre Antworten, die für den Bildungsteil der wichtigsten Tageszeitung bestimmt sind?

197

Inhalte erarbeiten

Machen Sie die Probe aufs Exempel und richten Sie die Fragen gleich an mein Buch!

Bei einzelnen Teilen und Kapiteln lässt sich ähnlich verfahren: Dieselben Fragen können wieder gestellt werden. Je nach Gebiet ist es auch ratsam, nach Gleichem und Unterschiedlichem zu fragen. So machen Sie aus Ähnlichem (und Verwechselbarem) klar zu Unterscheidendes; Sie verwandeln einen grauen Esel in ein schwarzweiß gestreiftes Zebra.

Lesen macht vielseitig, Verhandeln geistesgegenwärtig und schreiben genau.
FRANCIS BACON

Damit Sie mit diesen Fragen und mit dem Finden prägnanter Antworten vertraut werden, empfehle ich Ihnen, mit Kolleginnen und Kollegen zusammenzuarbeiten. Jede und jeder soll zunächst für sich allein Antworten formulieren. Diese werden dann in kleinen Gruppen diskutiert und geklärt. In einem weiteren Schritt werden die Antworten mit denen einer anderen Gruppe verglichen. Sie werden dabei sehr viel – nämlich das Wesentliche – lernen. Probieren Sie es aus!

Mehr Lust dank guter Strategie

Sie sind nun mit allen fünf Elementen des Explorativen Lernens vertraut. Sie haben erfahren, wie stark die *Neugier* als Motivator wirkt. Sie *beobachten* sich nun öfter beim Lernen und *reflektieren* über Ihren Lernstil, Ihre Konzentration oder Ihr Selbstwertgefühl. Sie haben ein Gespür für die verschiedenen *Prozesse* entwickelt, die beim Lernen ablaufen. Und Sie wissen, dass nicht alle *Inhalte* gleich gut erschließbar sind. Sie kennen nun verschiedene Methoden und Möglichkeiten, wie Sie den Stoff besser angehen können. Vielleicht haben Sie bereits etwas experimentiert und Ihre Vorgehensweise verbessert.

Das Ziel des Explorativen Lernens ist, möglichst lustvoll und mit vernünftigem Aufwand ein Optimum zu erreichen. Dazu brauchen Sie gute Strategien und das nötige Umsetzungsvermögen. Denn die besten Methoden nützen nichts, wenn man sie nicht anwendet.

Was ist eine Strategie?

Schlägt man das Wort »Strategie« in einem älteren Lexikon nach, klingt es kriegerisch: »Strategie, Theorie und Praxis der Führung eines Krieges und der Führung von Kriegshandlungen, die entscheidend Einfluss auf den Ablauf des Krieges haben«, heißt es zum Beispiel im Rencontre Lexikon, das ich mir im Jahre 1971 gekauft hatte.[15]
Heute werden auch für friedliche Zwecke Strategien entwickelt. Die modernen Strategen sind nicht mehr Kriegsherren wie Cäsar oder Perikles, sondern Managerinnen, Manager und Unternehmer. Der Kern der obigen Definition gilt aber immer noch: Diese Männer und Frauen nehmen »entscheidend Einfluss auf den Ablauf« – genauso, wie Sie es als Explorative Lernerin oder Lerner tun.
Auch in Gebieten wie Werbung und Öffentlichkeitsarbeit geht man strategisch vor. So stammen die folgenden Definitionen zum größten Teil aus einem Buch über Public-Relations-Konzeptionen.[16] Eine Strategie ist

- die prinzipielle Richtung
- der Weg zum Ziel
- ein Grundmuster zum Handeln
- die Vorgehensweise, die mit dem geringsten Aufwand den größten Effekt erzielt

- das intellektuelle Herzstück einer jeden Konzeption
- das denkerische Lösungsprinzip einer Lernaufgabe

Wirkungsvolle Strategien zu entwickeln ist anspruchsvoll. Peter Senge vom Massachusetts Institute of Technology formuliert das strategische Denken in seinem Buch über die lernende Organisation so:[17]

> Strategisch denken beginnt mit der Reflexion über die tiefere Bedeutung eines Projektes und über die wichtigsten Herausforderungen, die es stellt. Das strategische Denken entwickelt sich mit der Fähigkeit, zu fokussieren und realistisch mit der Zeit umgehen zu können.

Sie müssen nicht nur sich selbst, das Ziel und die verschiedenen Wege, die dahin führen können, kennen – Sie müssen auch die grundlegende Natur der Aufgabe verstehen und die Problemstellung, die sie beinhaltet. Je besser man Schwerpunkte zu setzen und je zeitgerechter man zu agieren weiß, desto besser kann sich das strategische Denken entwickeln.
Durch strategisches Denken können Sie Probleme und Vorhaben klug angehen und bessere Lösungen und Abläufe finden. Dies möchte ich Ihnen im Folgenden aufzeigen.

Mehr Lust: wer sucht, der findet

Wie bereits früher dargelegt, sind die drei am häufigsten genannten Problembereiche beim Lernen die Konzentration, das Gedächtnis und die Effizienz. Auf den letzten Begriff bin ich bis jetzt noch nicht eingegangen: Effizienz bedeutet, etwas auf bestmögliche, kompetente, rasche und in jeder Beziehung ökonomische Art und Weise zu tun.

Wie lassen sich nun Strategien entwickeln, um diese drei Problembereiche anzugehen und dabei Spaß zu haben?

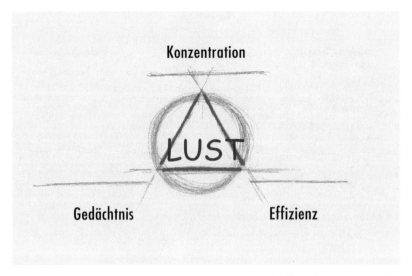

Problembereiche mit Lust angehen

Benützen Sie die Abbildung als Kern einer großen Mindmap und überlegen Sie sich, was für Vorgehensweisen zur Verbesserung der Problembereiche Ihnen persönlich Spaß machen könnten. Vielleicht sieht Ihre Mindmap bald so aus wie in der Darstellung auf Seite 202.

Wählen Sie nun aus Ihrer Mindmap einen Punkt – nur einen – und probieren Sie diesen aus. Beobachten Sie sich dabei, denken Sie darüber nach.

Lernen ist eine geistige Liebesaffäre.
HEINZ VON FOERSTER

Inhalte erarbeiten

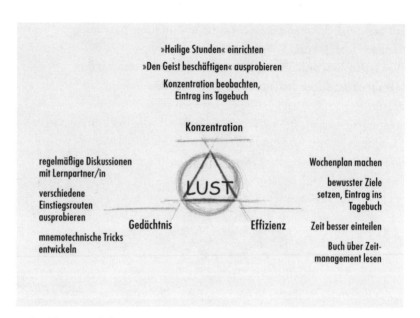

Auf welche Lösung haben Sie am meisten Lust?

Bewährt es sich? Dann machen Sie sich die Vorgehensweise zur Gewohnheit.

Ist Ihnen dabei nicht ganz wohl? Dann gehen Sie den Gründen nach, experimentieren Sie.

 Machen Sie immer und immer wieder einen Zwischenhalt. Fragen Sie sich, wie Sie etwas anpacken könnten, damit es mehr Spaß macht. Zeichnen Sie die Situation auf und entwickeln Sie Ideen. Wer Spaß finden will, wird fündig. Versuchen Sie's!

Mehr Lust dank guter Strategie

Die Strategie der Denkplattformen

Gibt es eine optimale Strategie, große Stoffgebiete anzugehen? Mir scheint, es gibt sie – und sie lässt sich den individuellen Einstiegsrouten, Lernstilen und Präferenzen anpassen.

Die Strategie ist im Buch »Verstehen lehren«[18] des bekannten Pädagogen Martin Wagenschein beschrieben.

Wagenschein erläutert zunächst, wie der Stoff nicht angegangen werden soll: als systematischer Lehrgang, der linear von A bis Z durchlaufen wird und bei dem alles gleich wichtig ist (Skizze a). In Skizze b wird beim Durchlaufen des Stoffes bereits Wichtiges von weniger Wichtigem unterschieden und es werden Denkplattformen von verdichtetem Wissen gebildet.

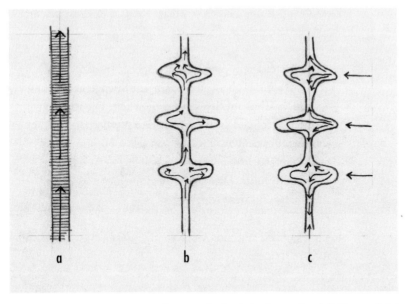

Strategie der Denkplattformen (nach M. Wagenschein)

203

Inhalte erarbeiten

Skizze c schließlich zeigt die optimale Strategie: Der Zugang zum Stoff erfolgt nun nicht mehr zwingend auf Seite 1 des Lehrbuches. Je nach persönlichen Präferenzen steigt man quer ein und beginnt mit den Lieblingskapiteln oder -abschnitten. Diese werden gründlicher und mit mehr Lust bearbeitet und bilden Verdichtungen und Vertiefungen von Wissen. Diese Denkplattformen vergleicht Wagenschein mit Erdbeerpflanzen. Von hier aus bilden sich nun nach allen Richtungen Triebe von weniger dichtem Wissen – Kapitel, die von geringerem Interesse sind. Diese Triebe führen dann beim Weiterlernen wieder zu rettenden Denkplattformen, zu Ablegern, wo man sich erneut vertieft und wo wiederum ein stärkerer persönlicher Bezug zum Stoff vorhanden ist.

Der Chemiker und Nobelpreisträger Richard R. Ernst beschreibt die Vorgehensweise so:[19]

> Am besten greift man sich aus eigener Initiative ein Detail aus der überwältigenden Stoffmenge heraus und versucht, ihm auf den Grund zu gehen. Dies führt zu einem Erfolgserlebnis und zu einer persönlichen Beziehung zum Stoff. Ganz von selbst kommt einem dann die nächste Frage, die möglicherweise mehr ins Zentrum führt. Dies ist der Beginn eines wirklichen Interesses für das Gebiet.

Auch hier wird quer ins Gebiet eingestiegen und eine Denkplattform errichtet.

Sie haben mittlerweile vieles rund ums Lernen erfahren. Es gilt nun, dieses Wissen zu festigen und anzuwenden.

Meine Empfehlung: Tun Sie sich mit Gleichgesinnten zusammen und diskutieren Sie zu zweit oder zu dritt Abschnitt für Abschnitt und Kapitel für Kapitel dieses Buches. Organisieren Sie Ihren wöchentlichen »Lern-Salon«! So werden sich Ihr Wissen und Ihre Erfahrung ständig vergrößern und das Lernen wird Ihnen mehr und mehr Spaß machen.

Sie werden das Gelesene auch besser behalten. Damit das Vergessen nicht vergessen geht, wollen wir uns nun auch noch dem letzten Teil zuwenden.

5 DAS VERGESSEN NICHT VERGESSEN

Das Vergessen nicht vergessen

Wenn wir Studierende fragen, wann Lernen Spaß macht,[1] lauten viele Antworten sinngemäß: »Spaß macht mir Lernen dann, wenn ich Zusammenhänge erkenne oder wenn ich eine Problemlösung plötzliche begreife und ich sie logisch herleiten und erklären kann.«

Fragen wir die Studierenden, wann Lernen frustrierend ist, lesen sich die Antworten beinahe wie eine Anleitung zum Unglücklichsein. Warum? Dem größten Teil der Antworten liegen unrealistische Erwartungen zu Grunde. Diese betreffen oft Memorieren und Vergessen. Zum Beispiel:

- Man hat den ganzen Stoff durchgearbeitet, verstanden, Zusammenhänge erkannt, Zusammenfassungen geschrieben, doch es ist noch nicht zu Ende; es nützt alles nichts, wenn man es nicht im Kopf hat. Jetzt muss man alles auswendig lernen, Details, die schließlich in der Prüfung gefragt werden, die man aber 2 Wochen später vergessen hat. Das ist frustrierend.

Optimism: two men look out through the same bars: one sees the mud and one sees the stars.
FREDERICK LANGBRIDGE

Statt sich durch die Erfahrung, dass deklaratives Wissen schnell vergessen wird, frustrieren zu lassen, sollte man sich bewusst machen, dass das Einprägen und Repetieren wesentlich zum Lernprozeß gehören. Wenn man es richtig anpackt, macht Memorieren Spaß und wird zum Erfolgserlebnis.

Sie erinnern sich: Wir haben das Erarbeiten von Inhalten als Dreiklang »**Vorbereiten – Lernen – Memorieren**« formuliert. Zum Memorieren gehören folgende Prozesse:

memorieren:	einprägen / speichern
	repetieren / festigen
	rekonstruieren / abrufen

In diesem Teil wollen wir uns nun dem Memorieren zuwenden. Sie werden lernen, wie Sie sich auch »harte Brocken« oder Überblicke über ganze Gebiete einprägen können. Mehr Spaß beim Repetieren werden Sie haben, wenn Sie die von mir entwickelte Lernkartei benützen. Zunächst aber machen wir uns Gedanken über den Sinn des Auswendiglernens – und auch über das Vergessen.

Vom Sinn des Auswendiglernens

Können Sie sich vorstellen, dass Cicero seine berühmten Reden von einer Wachstafel ablas? Oder dass sich Napoleon vor den Pyramiden mit einem Blatt Papier in der Hand an seine Männer wandte (»Soldaten, zwanzig Jahrhunderte schauen auf euch herab!«)? Oder daß sich Kolumbus, bevor er vor seine meuternde Mannschaft trat, eine kleine Karteikarte mit Stichworten vorbereitete? Wahrscheinlich nicht. – Diese Männer haben frei geredet!
Wie verhielten sich diese Helden wohl heute, im Jahre 1999, wenn sie vor ihre Leute treten müssten? Sie würden sich zunächst wahrscheinlich nicht einfach in voller Körpergröße den Zuhörenden stellen, sondern sich hinter einem Rednerpult verschanzen. Und sie würden vermutlich ein Skript benützen und eher eine »Lese« statt eine Rede halten. Das Publikum würde dies professionell finden, und es täte der Autorität der Redner keinen Abbruch, wenn sie die Rede nicht frei halten könnten.
Die Zeiten haben sich geändert. Eine Rede abzulesen wird nicht als Zeichen von Unvermögen gewertet. Denn Auswendiglernen hat nicht mehr denselben Stellenwert wie früher.

Erwirb Wissen. Es befähigt, Rechtes vom Falschen zu unterscheiden. Es erleuchtet den Pfad zum Himmel. Es ist unser Freund in der Wüste, unsere Gesellschaft in der Einsamkeit, unser Begleiter, wenn wir keine Freunde haben. Es führt zum Glück, es begleitet dich im Unglück. Es ist eine Zierde unter Freunden und eine Waffe gegen Feinde.
KORAN

Die externe Speicherung von Information und Wissen ist seit der Verbreitung der Buchdruckerkunst und vor allem in den letzten dreißig Jahren sehr viel einfacher geworden. Ich erinnere mich noch gut, wie begeistert ich war, als die ersten Fotokopierer auftauchten. Ich hatte zu jener Zeit noch wenig Geld für Bücher, und dank des Kopierers konnte ich mir die wichtigsten Seiten trotzdem beschaffen. Und dann die Textprogramme, und ein paar Jahre später die portablen Computer und Scanner – einfach fantastisch!

Heute sieht man weniger Sinn und Notwendigkeit im Auswendiglernen als noch vor dreißig Jahren, vor zweihundert Jahren oder gar in der Antike.

Ich persönlich finde das rein mechanische Auswendiglernen, das Pauken, auch ziemlich sinnlos. Es sei denn, solches Wissen werde für das Bestehen einer Prüfung unbedingt benötigt und lasse sich wirklich nicht auf andere Art und Weise erwerben. Wenn mir das Examen im Hinblick auf höhere Ziele wichtig ist, muss ich mich eben ganz pragmatisch den Forderungen beugen. Ich weiß zwar, das so erworbenes Wissen bald wieder vergessen ist, aber ein kleiner Trost bleibt mir trotzdem: Der »Gehirnmuskel« wird dabei wenigstens trainiert, wenn auch eher einseitig – und durch das bestandene Examen bin ich meinem Berufsziel etwas näher gekommen.

Nun gibt es aber Dinge, die sich zum Auswendiglernen lohnen. Ich denke zum Beispiel an Fremdsprachen und Symbolsprachen. Sie bilden Grundlagen, ohne die wir nicht weiterlernen können. Auch Wissen, das als Basis für das Erkennen und Lösen von Problemen dient, müssen wir in unserem Geist präsent haben. »*Your knowledge determines your perception*«, sagt der Hirnforscher Steven Pinker – dein Wissen bestimmt, was du wahrnimmst.[2]

Je mehr wir wissen, desto mehr nehmen wir wahr – und desto interessanter ist es! Ich habe kürzlich mit meinem Mann über das Anatomie-Lernen diskutiert. Für ihn als Arzt ist es unabdingbar, dass man die Anatomie und die Krankheitsbilder bis ins Detail lernt, denn, so sagt auch er: »Man entdeckt bei Patienten oft nur das, was man kennt.«

Mein Schwiegervater hat mich immer beeindruckt, wenn er noch mit über 80, als er kaum mehr gehen konnte, Goethe und Schiller zitierte. Ich begann damals zu ahnen, dass es das Leben sehr viel reicher macht, wenn man sich an vieles erinnern kann: an Gedichte, Zitate, Liedertexte, Definitionen, historische Begebenheiten und Daten. Dieses Wissen hat man immer um sich und öffnet einem auch in schwierigen Zeiten schöne innere Welten. So, wie es William Blake vor über 200 Jahren in diesem Gedicht beschrieben hat:

> To see a world in a grain of sand
> And a heaven in a wild flower,
> Hold infinity in the palm of your hand
> And eternity in an hour.

Der Geist wächst durch das, was man ihm füttert.
J. G. HOLLAND

Vergessen ist besser als sein Ruf

Das Vergessen genießt keinen guten Ruf. Viele Leute, besonders wenn sie älter werden, haben Angst vor dem Vergessen – beinahe so, wie sie als Kind den bösen Wolf fürchteten. Wenn man sich jedoch näher mit dem Wolf oder dem Vergessen befasst, merkt man, dass beide auch eine nützliche Rolle spielen.

Das Vergessen nicht vergessen

> *Man lernt nur dann und wann etwas: aber man vergißt den ganzen Tag.*
> SCHOPENHAUER

Wir wollen uns zunächst einigen Mechanismen des Vergessens zuwenden. Nehmen wir an, Sie suchen in Ihrem Gedächtnis einen Namen und ärgern sich, dass Sie ihn vergessen haben. Dass wir vergessen, wird uns meist erst dann bewusst, wenn wir uns an etwas erinnern wollen und es nicht gelingt. Doch bedeutet das Sich-nicht-erinnern-Können in jedem Falle, dass etwas vergessen ist? Wir werden dieser Frage nachgehen.

Dann sinnieren wir in diesem Kapitel über den Nutzen des Vergessens. Des Weiteren überlegen wir uns den zeitlichen Verlauf des Vergessens und die Schlüsse, die wir daraus für unser Lernen ziehen. Und zum Schluss wenden wir uns noch einer vergessenen Göttin – Mnemosyne – zu und erfahren mehr über die mnemotechnische Methode *loci et res* des Altertums.

Vergessen ist nicht immer Vergessen

Stellen Sie sich vor, Sie hätten vor zwei Wochen bei einer Hochzeit ein nettes Paar kennen gelernt und sich mit ihnen an jenem Abend angeregt unterhalten. Nun sehen Sie die beiden auf Ihrem Weg zur Arbeit an einer Bushaltestelle warten. Sie selbst sitzen im Bus und winken und sind gleichzeitig erleichtert, dass Sie in diesem Augenblick abfahren. Denn Sie haben die Namen der beiden vergessen und das ist Ihnen etwas peinlich. Warum wissen Sie die Namen der beiden nicht mehr?

Es kann – wie immer, wenn wir uns nicht erinnern können – verschiedene Gründe haben. Betrachten wir zunächst mögliche Ausgangssituationen beim Hochzeitsfest:

a   Sie haben, als Sie sich gegenseitig vorstellten, die Namen gar nicht richtig verstanden und nicht nachgefragt.

b Sie haben zwar hingehört, Ihre Aufmerksamkeit galt aber vor allem dem schönen Halsschmuck der Dame.

c Sie haben konzentriert hingehört und sich die Namen durch lautes Wiederholen gemerkt. Als Sie im Laufe des Abends realisierten, dass Sie die Namen wieder vergessen hatten, haben Sie kurz auf den Tischkärtchen nachgeschaut.

d Nachdem Sie die Namen nochmals auf dem Tischkärtchen nachgeschaut hatten, haben Sie während des anschließenden Gespräches erfahren, dass das Paar – genauso wie Sie – leidenschaftlich gerne klettert. Sie nehmen sich sogleich im Stillen vor, den beiden einmal Ihre Lieblingsroute zu zeigen.

e Sie haben sich beim Vorstellen die Namen der beiden durch einen Trick gemerkt: Monika haben Sie im Geist sofort mit Ihrer Patin, die ebenfalls Monika heißt, verbunden. Und Clemens haben Sie in Ihrer Fantasie eine Klemme ins Haar geklemmt.

Die beschriebenen fünf Ausgangssituationen sind exemplarisch für den Wissenserwerb, denn sie spiegeln generelle Verhaltensweisen in Lernsituationen wieder.

Ob wir uns nach zwei Wochen noch an etwas erinnern, hängt ganz entschieden von unserem Verhalten in der Ausgangssituation, von der Art und Weise des Inputs ab – aber nicht nur! Betrachten wir die fünf Situationen etwas genauer:

Jedermann klagt über sein schlechtes Gedächtnis und niemand über seinen schlechten Verstand.
LA ROCHEFOUCAULD

a Sie haben die Namen nicht richtig verstanden und auch nicht mehr nachgefragt. Die vollständige Information ist also nie in Ihr Kurzzeitgedächtnis gelangt. Sie sind gewissermaßen im Wahrnehmungsfilter stecken geblieben. Warum? Weil Sie sich gar nicht dafür interessiert haben. Sonst hätten Sie nachgefragt.

b Wenn Sie sich explizit etwas merken wollen, braucht es ungeteilte Aufmerksamkeit. Der Halsschmuck war interessanter als der Name der Person. So ist der Name gleich wieder aus dem Kurzzeitgedächtnis verschwunden.

c Nur wenn Ihr auditives Gedächtnis ausgesprochen gut ist, genügt es, hinzuhören und nachzusprechen. Die meisten Menschen jedoch müssen sich ein Bild von etwas machen, damit Sie sich erinnern können. Und das Bild muss immer wieder repetiert werden.

d Sie haben Interesse entwickelt und ein Ziel im Auge. Sie haben damit Fäden im Wissensnetz gespannt. Möglicherweise kommen Ihnen die Namen im Laufe der Busfahrt wieder in den Sinn. Wenn Sie sich die Namen ein bis zwei Tage nach dem Fest bewusst nochmals in Erinnerung gerufen hätten und Sie sich nun wieder auf das Hochzeitsfest zurückversetzen, würde Sie Ihr Gedächtnis nicht im Stich lassen.

e Sie haben sich sogleich ein einprägsames Bild gemacht. Auch hier gilt dasselbe wie oben: Hätten Sie sich die Bilder ein bis zwei Tage nach dem Fest in Erinnerung gerufen, wären Sie höchstwahrscheinlich nach zwei Wochen noch abrufbar.

Die wahre Kunst des Gedächtnisses ist die Kunst der Aufmerksamkeit.
SAMUEL JOHNSON

Fassen wir zusammen: Vergessen bedeutet nicht immer Vergessen, denn

- das Einprägen der Dinge war zu wenig wirksam; sie haften nicht und verschwinden wieder aus dem Gedächtnis.
- das Einprägen der Dinge war wohl wirksam. Sie sind noch vorhanden, aber schlecht abrufbar.

Für sofortiges Erinnern ist das mehrmalige Repetieren des Gelernten meist unumgänglich. Wir werden uns weiter unten eingehender damit befassen.

Warum Vergessen sinnvoll ist

Wie wäre es, wenn man nichts mehr vergessen würde? Stellen Sie sich vor, Sie könnten einen Knopf »Vergessen ausschalten« drücken. Ab sofort würde alles, was Sie wahrnehmen, in Ihrem Kopf gespeichert sein: Ihre Stimmung beim Aufstehen, die Frühnachrichten und das Plaudern des Moderators, Ihre Mitfahrerinnen und Mitfahrer im Bus, die Schlagzeilen am Kiosk, die Werbebotschaften auf den Plakaten, Ihre Kommilitonen in der Bibliothek, all Ihre vergeblichen Lösungsversuche der Mathe-Aufgaben, der Ärger in der darauf folgenden Übungsstunde, das Mittagessen in der Mensa, die vielen Gesichter ... zum Verrücktwerden!
Sie würden wahrscheinlich das Vergessen bald wieder einschalten. Denn Sie möchten ja nicht alles und jedes im Gedächtnis behalten. Sie wollen selbst entscheiden können, was Sie vergessen und was Sie speichern wollen.
Dank des sinnvollen Prinzips des Vergessens, wird unwichtiger Ballast automatisch wieder gelöscht. Von Dingen, die uns interessant erscheinen – zum Beispiel ein Zeitungsartikel oder Vortrag – wird zwar auch vieles vergessen. Doch das, was im Gedächtnis bleibt, ist oft eine verdichtete Essenz des Inhaltes.
Das Vergessen trägt zur Qualität des Wissens bei, wie der Wolf zur Qualität der Rentierherde: So, wie schwache, lahmende, alte und von der Herde abgesprengte Tiere am ehesten von den Wölfen gerissen werden, wird uninteressantes, belangloses,

veraltetes und unverknüpftes Wissen am schnellsten vergessen. Damit die gesunden Tiere nicht Opfer der Wölfe werden, muß der Herdenbesitzer wachsam sein. Genauso muss das Wissen, das man behalten will, gehegt und gepflegt werden. Der Aufwand dafür ist vergleichsweise klein. Sie glauben es nicht? Dann drücken Sie sofort wieder den Knopf »Vergessen ausschalten«!

Vergessen in Funktion der Zeit

Über das Vergessen in Abhängigkeit der Zeit können eigene Erkenntnisse gewonnen werden. Ein Student beschreibt es so:

- Man lernt etwas, und nach zwei Tagen weiß man die Hälfte schon nicht mehr. Dann lernt man es wieder, doch schon nach wenigen Tagen ist wieder einiges verschwunden. Und so fort!

Die Geschwindigkeit des Vergessens hängt vom Lernstoff ab. Als »Vergessenskurve« dargestellt könnte es so aussehen wie in der Abbildung auf Seite 217.

Vielleicht ist unser Student sprachlich und musikalisch sehr begabt und kennt mnemotechnische Tricks. In diesem Falle sähe die »Vergessenskurve« natürlich anders aus. Oder möglicherweise gelingt es ihm, sich für das Fach, das durch Kurve c repräsentiert wird, stärker zu motivieren. Dann wäre hier der Abfall weniger stark.

In welchen Intervallen repetieren? Der Abfall ist anfänglich am stärksten. Deshalb kann dem Vergessen am wirksamsten

Vergessen ist besser als sein Ruf

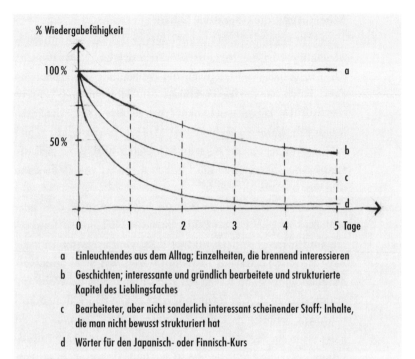

a Einleuchtendes aus dem Alltag; Einzelheiten, die brennend interessieren
b Geschichten; interessante und gründlich bearbeitete und strukturierte Kapitel des Lieblingsfaches
c Bearbeiteter, aber nicht sonderlich interessant scheinender Stoff; Inhalte, die man nicht bewusst strukturiert hat
d Wörter für den Japanisch- oder Finnisch-Kurs

begegnet werden, wenn innerhalb von 24 Stunden und dann in progressiv längeren Intervallen repetiert wird.
Folgende Faustregel hat sich sehr bewährt:

Repetieren nach: 1 Tag   1 Woche   1 Monat   1/2 Jahr

Ich werde Ihnen im Abschnitt »Repetieren mit der modifizierten Lernkartei« zeigen, wie Sie diesen Repetier-Rhythmus auf einfach Art und Weise einhalten können.

Mnemosyne, die vergessene Göttin

Mnemosyne ist die griechische Göttin des Gedächtnisses und der Erinnerung. Sie hat nach der Vorstellung der damaligen Zeit als Mutter der neun Musen den Künsten und Wissenschaften das Leben geschenkt. Und sie hat der Gedächtniskunst den Namen gegeben. Die Mnemotik entstand ca. 500 v. Chr. Von der Antike bis zum Mittelalter und in die Zeit der Renaissance hinein war die Gedächtniskunst von Bedeutung und wurde gepflegt.[3]

Euer Gehirn ist wie ein schlafender Riese.
TONY BUZAN

Die Mnemotechnik stützt sich auf die Erkenntnis, dass man sich am leichtesten a) an Bilder von wohl bekannten Strukturen und Orten erinnern und b) dass wir in unserer Fantasie irgendwelche Dinge mit den wohl bekannten Strukturen verknüpfen können. So haben wir von unserer eigenen Wohnung ein präzises Bild: Wenn wir in Gedanken in den Räumen herumgehen, können wir die Reihenfolge der Gegenstände in jedem einzelnen Raum ohne Probleme nennen. Die Anordnung der Gegenstände ist uns so vertraut, dass es nicht zu Verwechslungen kommt. Denn das Wissen, welche Gegenstände wo und in welchen Zimmern stehen, ist als Bildstruktur stark verinnerlicht.

Strukturen, die nicht als Bild gespeichert sind, lassen sich in der Regel nicht so einfach abrufen. Nehmen wir als Beispiel das Alphabet. Versuchen Sie einmal, das Alphabet rückwärts aufzusagen. Die meisten Menschen sind dazu nicht in der Lage.

Die Buchstaben des Alphabetes können nun, genauso wie die Teile einer Rede oder gänzlich unzusammenhängende Dinge wie die Artikel auf einer Einkaufsliste, mit einer uns wohl bekannten Bildstruktur verbunden werden. Auf diesem Prinzip beruht die Methode *loci et res* (Orte und Dinge) der Antike.

Als *loci* wurden Ecken, Bögen, Säulen und dergleichen in Gebäuden oder auf Plätzen gewählt. Die *loci* werden im Geist der Reihe nach nummeriert. Jeder fünfte *locus* erhielt als Gedankenstütze eine goldene Hand, jeder zehnte *locus* hatte den Namen Decimus. Die Kunst des Memorierens ist nun wie ein inneres Schreiben auf diese *loci*. Man verbindet dabei die *res*, die zu memorierenden Dinge, mit den jeweiligen *loci* zu einem eindrücklichen Bild.

Der Römer Cicero (106 – 43 v. Chr.) beschreibt in seinem Werk *De oratore* das Gedächtnis als einen der fünf Teile der Rhetorik. Darin geht er auch auf die oben beschriebene Mnemotechnik ein. Auch die Gelehrten des Mittelalters benutzten ihrer Zeit entsprechend Bilder von gotischen Kirchen, von Himmel und Hölle und später von Theatern für ihre *loci*.

Gedächtnisbilder, die aussehen wie mittelalterliche Cartoons, erfüllten dieselbe Funktion. Der Dominikanermönch Johannes Romberch hat zum Beispiel 1533 in seinem Werk *Congestorium artificiose memorie*[4] die Grammatica geschaffen. Das Bild der Grammatica zeigt eine alte Frau, die in der einen Hand einen Vogel, in der andern eine kleine Flagge hält. Ihr Fuß ruht auf einer Leiter, auf der verschiedene Dinge platziert sind. Im Bild gibt es viele geheimnisvolle Zeichen. Für diejenigen, die das Bild zu lesen wissen, erinnert jeder Körperteil und jedes Zeichen an einen bestimmten Teil der lateinischen Grammatik.

Mit der Verbreitung der Buchdruckkunst ging die Bedeutung der Mnemotik stark zurück. Man nimmt an, daß sich Gottfried Wilhelm Leibniz (1646–1716) in der Gedächtniskunst noch auskannte und durch sie beeinflusst wurde. Auch aus der Goethezeit gibt es noch Bilder von »Denkzimmern« mit fortlaufender Nummerierung auf Möbeln und an den Wänden, die das Abspeichern von Lerninhalten erlaubte.[5]

Heute steht Gedächtniskunst längst nicht mehr in den Lehrplänen. Mnemosyne, die Mutter der Künste und Wissenschaften, ist fast ganz in Vergessenheit geraten. Schade, denn die Kenntnis der Mnemotechnik erleichtert einiges, bringt eine spielerische Komponente ins Lernen und verschafft uns Erfolgserlebnisse.

Rekapitulieren wir das Prinzip der Mnemotik nochmals:

- Visualisierung eines Bildes mit verschiedenen *loci* in einer unabänderlichen Reihenfolge (zum Beispiel nummerierte Gegenstände im eigenen Wohnraum)
- bildhaftes Verknüpfen fragmentierter Informationspakete mit den *loci*

Die Bildung von Analogien beruht oft auf dem gleichen Prinzip. Auch dort verknüpfen wir Wissenssplitter, die uns zunächst zusammenhangslos erscheinen (weil wir den Überblick noch nicht haben) mit einer uns wohl bekannten Struktur.

Memorieren: wo Ausdauer und Fantasie sich treffen

Man wird alt, wenn man spürt, dass die Neugierde nachlässt.
ANDRÉ SIEGFRIED

Lassen Sie mich zu Beginn eine kleine bizarre Geschichte erzählen: Auf einem riesigen Triangel steht ein Rennrad und darauf sitzt eine Spinne. Diese brät ein Spiegelei. Da kommt ein Auto und überfährt das Spiegelei. Es bildet eine gelbe Spur, die aussieht wie Honigwaben. Nun erscheinen plötzlich die sieben Zwerge und wischen die klebrige Wabenspur wieder auf.

Wiederholen Sie nun in Ihrem Geist die Geschichte nochmals, und stellen Sie sich alles bildlich vor. Wir werden später auf den Sinn der Geschichte zurückkommen.

Memorieren: wo Ausdauer und Fantasie sich treffen

In diesem Kapitel werden wir uns zunächst mit Dingen befassen, die sich nicht so leicht einprägen lassen: Chemische Formeln, Zahlen und auch ein Überblick über den Inhalt von Sachbüchern oder ganzen Wissensgebieten. Im letzten Abschnitt erfahren Sie, gleichsam als Schlussbouquet, wie Repetieren in den richtigen Zeitabständen Spaß machen kann. Ich stelle Ihnen meine Lernkartei vor, die ich während meines Zweitstudiums entwickelt habe und die sich vielfach bewährt hat.

Wir wissen bereits, dass die verschiedenen Teilprozesse des Lernens ganz spezifische geistige Dispositionen erfordern. So ist die geistige Einstellung beim Elaborieren anders als beim Strukturieren und Zusammenfassen zu einer Mindmap. Und die geistige Disposition muss für das anschließende Auswendiglernen wiederum verändert werden.

Ein solcher Wechsel ist anstrengend. Nur wenige Lernerinnen und Lerner schaffen es, sich bereits während des Elaborierens, Reduzierens und Strukturierens alles Nötige einzuprägen. Vielleicht haben Sie den inneren Widerstand auch schon gespürt, wenn Sie sich nach dem Zusammenfassen des Stoffes noch Dinge einprägen mussten. Wenn Sie sich jedoch bewusst sind, dass Zusammenfassen und Einprägen zwei völlig verschiedene Prozesse sind, wird es einfacher.

Memorieren von »harten Brocken«

Die neun Planeten in der Reihenfolge des Abstandes von der Sonne gefällig? Kein Problem! *Voilà*: **M**ein **V**ater erklärt mir jeden **S**onntag **u**nsere **n**eun **P**laneten.

Wie haben doch bereits in der Volksschule Eselsbrücken Spaß gemacht und kleine Erfolgserlebnisse vermittelt. Warum nicht diesen Spaß weiterführen und sogar kultivieren? Mnemotechnische Tricks bringen Farbtupfer in den grauen Lernalltag. Sie regen an und sind äußerst wirksam. Am meisten Spaß macht es, zusammen mit anderen zu fantasieren. Probieren Sie es aus! Sollten Ihre Kolleginnen und Kollegen Hemmungen haben, pflegen Sie die Mnemotechnik als »Geheimwissenschaft«.

Memorieren von chemischen Formeln

Nehmen wir an, Sie hätten heute Nachmittag Chemie gelernt und das Thema Steroide bearbeitet. Sie haben eine Zusammenfassung in Form einer Mindmap gemacht und wollen sich nun das Nötige – Mindmap und bestimmte Formeln – noch einprägen.

Wissen, das nicht mit jedem Tag zunimmt, nimmt mit jedem Tag ab.
CHINESISCHES SPRICHWORT

In der Mindmap ist der Stoff logisch strukturiert und das Einprägen fällt leicht. Das Auswendiglernen der Formeln hingegen ist ein »harter Brocken«. Nun, je mehr Fantasie Sie beim Auswendiglernen von »harten Brocken« ins Spiel bringen, umso einfacher und lustvoller wird es! Dazu kommt, dass Sie dabei den Stoff personalisieren, das heißt, Sie bringen sich selbst stärker ein und schaffen eine persönliche Beziehung dazu. Dies erleichtert Speichern und Abrufen gewaltig!

Ein Chemiestudent hat sich beklagt, dass er Bindungslängen auswendig lernen müsse und er sie schnell wieder vergesse. Auch hier kann man mit Hilfe der Fantasie ein Gerüst bauen, das später, wenn die Zahlen verinnerlicht sind, wahrscheinlich nicht mehr gebraucht wird.

Wie lassen sich zum Beispiel die Längen der drei Kohlenstoff-Kohlenstoff-Bindungen $C-C$ 1,36 Å, $C=C$ 1,34 Å und $C\equiv C$ 1,20 Å merken?

Memorieren: wo Ausdauer und Fantasie sich treffen

Für Chemiker ist es logisch, dass die Dreifachbindung mit Abstand die kürzeste ist. Die Zahlen 20, 34 und 36 lassen sich auf einem Thermometer anordnen:

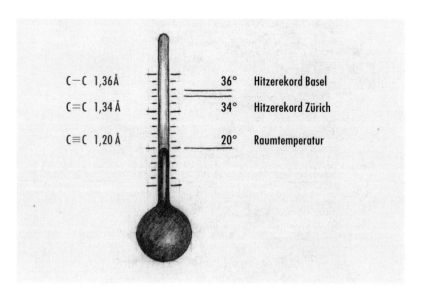

Ein Thermometer als Gedächtnishilfe

Es ist zu empfehlen, sich weitere Bindungslängen mit Hilfe anderer Bezugssysteme zu merken. So vermeidet man Interferenzen (Verwechslungen).

Wie merken wir uns zum Beispiel die Formel von Cholesterin? Sie sehen es in der Abbildung auf Seite 224.

Was für Formeln oder andere »harte Brocken« stehen bei Ihnen an? Kreieren Sie witzige Merkhilfen – gleich jetzt! Sie werden mit Genugtuung feststellen, dass Sie den »harten Brocken« beim morgigen Repetieren noch aufzeichnen können.

Das Vergessen nicht vergessen

Cholesterin

a) Gartenhäuschen
   aus vier Bienenwaben.
   Achtung:
   Wabe rechts ist ein Fünfeck

b) zwei Fahnenstangen
   anbringen

c) Pergola montieren

d) Mauerverstärkung
   und -HO einfügen

Memorieren von Zahlen

Wie die Bindungslängen sind auch andere Zahlen, die wir uns merken müssen – Telefonnummern, Postleitzahlen oder Code-Nummern – für unser Gehirn nichts als sinnlose Ziffernfolgen. Wenn wir ein schlechtes Zahlengedächtnis haben, müssen wir uns deshalb irgendwelche Eselsbrücken einfallen lassen. Die meisten Menschen kreieren sich ab und zu solche Merkhilfen und jeder und jede wendet dabei Fantasie und bizarre Logik an. Und es wirkt!
Wir wollen nun auf die kleine Geschichte mit dem Rennrad auf dem großen Triangel zurückkommen. Wie geht sie weiter? Ach ja, die Spinne brät ein Spiegelei. Dann kommt ein Auto und überfährt es. Es bildet sich eine gelbe Spur, die aussieht wie eine Wabenstruktur. Die sieben Zwerge erscheinen und wischen die klebrige Spur wieder auf. Die Geschichte ist eine Merkhilfe für folgende Nummer 328 04 67.
Auf den folgenden Seite finden Sie die Symbole, die ich für die einzelnen Ziffern verwendet habe. Falls Sie bei irgendeiner Ziffer ein anderes Symbol verwenden möchten, umso besser! Denn die Merkhilfen sollen möglichst persönlich sein und Bezüge zum eigenen Leben haben.
Es ist wichtig, Symbole zu wählen, die sich gut für eine Geschichte eignen. Das Ei kann man aufschlagen und der Torwart kann irgendetwas tun, zum Beispiel den Triangel zum Klingen bringen.

Erfinden Sie nun zu einer eigenen Nummer, die Sie sich schon lange merken wollten, eine kleine Geschichte. Erzählen Sie diese einer anderen Person. Repetieren Sie sie ab und zu. So werden Sie die Nummer im Gedächtnis behalten.[6]

Das Vergessen nicht vergessen

Die Zahlensymbole lassen sich auch als Ergänzung für andere Merkhilfen, wie zum Beispiel Rhythmen, verwenden.

Zahl	Symbole
0	Ei, Spiegelei
1	Torwart
2	Rennrad
3	Triangel
4	Auto, Handwagen
5	Hand, Handschuh
6	Bienenwabe, Honig, Benzoltinge
7	Zwerge, Schneewittchen
8	Spinne (8 Beine)
9	Spielkarte (Neuner)
10	10 Zehen

Zeichnen Sie zu jedem Symbol das entsprechende Bild. So prägen Sie sich die Symbole gut ein und können sie jederzeit abrufen. Merken Sie sich zudem eine Telefonnummer, die Sie eigentlich schon lange memorieren wollten – sei es durch ein kleines Geschichtlein oder durch einen Mix verschiedener Merkhilfen.

Überblick über große Gebiete oder ganze Sachbücher

Wir haben bereits im Teil 4, »Inhalte erarbeiten«, gesehen, dass sich Lehr- und Sachbücher in ihrer Struktur von Geschichten und Romanen stark unterscheiden. Letztere folgen Grundmustern, die wir meist aus unserer Erfahrung kennen. Zudem ordnen wir, ohne dass wir uns dabei viel überlegen müssen, die Geschehnisse beim Lesen automatisch in eine zeitliche Abfolge ein.

Lehr- und Sachbücher enthalten in der Regel keine chronologische Struktur. Die Kapitel haben keine enge Beziehung zu einander; sie beleuchten lediglich verschiedene Aspekte des Hauptthemas. Aus diesen Gründen ist es viel schwieriger, einen Gesamtüberblick über den Inhalt eines Sachbuches im Gedächtnis zu behalten.

Der Geist ist selbst sein eigner Ort und macht Aus Himmel Höhe sich, aus Höhe Himmel.
JOHN MILTON

Ich lese sehr viele Sachbücher. Früher stand ich oft vor dem Problem, dass mir nach dem Lesen der Überblick über den Inhalt fehlte. Hätte mich jemand nach den Hauptideen gefragt, wäre mir die Antwort leicht gefallen. Auch an Einzelheiten, die mir aus irgendwelchen Gründen besonders Eindruck gemacht haben, hätte ich mich erinnert. Auf die Frage jedoch: »Welche Aspekte beleuchtet denn dieser Csikszentmihalyi in seinem Buch über ›*flow*‹«, wären mir kaum die Hälfte der beschriebenen Aspekte in den Sinn gekommen.

Ich zeichne zwar seit längerer Zeit bei Sachbüchern, die mir etwas bedeuten, kleine Mindmaps von einzelnen Kapiteln auf Klebezettel. Während die Mindmaps der Kapitel in der Regel für den Überblick und das Erinnern eine große Hilfe sind, nützen Mindmaps über Inhaltsverzeichnisse wenig, ich vergesse sie schnell wieder. Sie können sich inzwischen auch erklären, warum: Die logische und inhaltliche Verknüpfung der Information *innerhalb* der einzelnen Kapitel ist in der Regel viel stärker als diejenige *zwischen* den Kapiteln. Da die Mindmaps nicht auf Grundstrukturen aus unserer Lebens- und Erfahrungswelt basieren, helfen sie kaum, eine Verknüpfung zwischen wenig zusammenhängenden Kapiteln zu schaffen.

Ich habe ein Vorgehen gefunden und bereits vielfach angewendet, um sofort einen Überblick vom Inhalt eines Buch aus dem Gedächtnis abrufen zu können. Die Wirkung ist fantastisch. Ich sehe nun den gesamten Inhalt der Bücher auch nach Wochen noch vor mir.

Das Prinzip beruht auf der schönen Analogie aus »How to Read a Book«.[7] Sie erinnern sich; ich habe Sie im Teil 4, »Inhalte erarbeiten«, bereits erwähnt: Ein Buch ist wie ein Haus mit verschiedenen Zimmern und Stockwerken und Durchgängen und Treppen, die alles verbinden.

Bauen wir also aus dem Inhaltsverzeichnis des Buches ein Haus! Ich will es Ihnen am Beispiel »*Flow* – Das Geheimnis des Glücks« des Amerikaners Mihaly Csikszentmihalyi[8] erläutern.

Kapitel 1 Glück – Ein Überblick
Kapitel 2 Die Anatomie des Bewußtseins
Kapitel 3 Freude und Lebensqualität
Kapitel 4 Die Grundbedingungen für flow
Kapitel 5 Der Körper im flow-Zustand
Kapitel 6 Flow der Gedanken
Kaptiel 7 Arbeit als flow
Kapitel 8 Freude am Alleinsein und am Zusammensein mit anderen Menschen
Kapitel 9 Der Sieg über das Chaos
Kapitel 10 Die Entstehung von Sinn

Mein *flow*-Haus ist ein wunderschönes amerikanisches Holzhaus im New-England-Stil. Es ist innen und außen hellblau, denn diese Farbe passt so schön zum *flow*. Die Türen und Fenster sind weiß. Das Haus hat zwei Kellerräume und als Besonderheit ein oberes Stockwerk, das aus einem einzigen großen Raum besteht.

Wenn wir in das hellblaue Haus treten, kommen wir in eine große Eingangshalle, die uns einen **Überblick über das Glück** verschafft. Links neben dem Eingang befindet sich die Küche, in der viel gearbeitet wird (**Arbeit als *flow***). Dann kommt ein wunderschönes, riesiges Badezimmer für den **Körper im *flow*-Zustand**. Das Treppenhaus führt hinunter in zwei Kellerräume: Die **Anatomie das Bewußtseins** und die **Grundbedingungen für *flow*** finden sich dort unten. Die Treppe führt auch nach oben in den großen Raum für die **Entstehung des Sinns**.

Zurück im Erdgeschoss befindet sich auf der linken Seite des Treppenhauses das große Wohnzimmer mit einer prächtigen gedeckten Veranda. Das Wohnzimmer repräsentiert die **Freude am Alleinsein und am Zusammensein mit anderen Menschen**. Auf der hellblauen Veranda mit den Schaukelstühlen finden wir **Freude und Lebensqualität**. Links des Wohnzimmers gibt es noch zwei weitere Türen. Die eine führt ins Schlafzimmer mit dem hellblau geblümten Quilt auf dem Bett. Es ist das Zimmer für den ***flow* der Gedanken**. Die letzte Türe schließlich gehört zum Abstellräumchen, in dem ein riesiges Durcheinander herrscht und das aufgeräumt werden sollte: **Der Sieg über das Chaos**.

Sie sehen aus den zwei Beispielen, dass die Räume nicht zufällig gewählt sind. Jeder Raum in einem Haus erfüllt eine ganz bestimmte Funktion, die mit dem Thema des Kapitels in Einklang gebracht werden kann, zum Beispiel:

Lest nicht wie die Kinder, zum Vergnügen, noch wie die Streber um zu lernen, nein, lest, um zu leben.
GUSTAVE FLAUBERT

Entdeckungen	Atelier, Werkstatt, oberes Stockwerk
Ausblick	Terrasse
Gesellschaft, Menschen	Wohnzimmer
Denken, Konzentration	Bibliothek, Studierzimmer, Meditationsraum
Arbeit	Küche
Persönliches, Reflektieren	Bad, Schlafzimmer
Überblick	Eingangshalle
Grundlagen, Hintergründe, Geschichte	Keller

 Räumen Sie nun den Inhalt Ihres Lieblingsbuches in ein passendes Haus. Wie sieht es aus?
Gehen Sie im Geist in der nächsten Tagen noch ein paar Mal durch das Haus. So wird Ihnen der Inhalt Ihres Buches präsent bleiben. Wichtig ist dabei nicht der genaue Wortlaut aus dem Inhaltsverzeichnis, sondern dessen Bedeutung.

Repetieren und Festigen

Dinge, die einen brennend interessieren, werden automatisch immer wieder repetiert: Mal liest man etwas in der Zeitung und sinniert darüber oder man diskutiert sie mit einem Freund, mal schlägt man diese Themen mit Lust nach und führt sich die neuen Informationen genüsslich zu Gemüte.
Schon das Blättern in den Unterlagen und ein kurzer Blick auf

Repetieren und Festigen

den Text, auf Schlüsselwörter kann genügen, um das Wissen *à jour* zu halten und zu pflegen.

Muss rein deklaratives Wissen gefestigt werden, ist jedoch mehr Aufwand nötig.

Sie wissen es bereits: Repetieren in den richtigen zeitlichen Abständen ist äußerst wirkungsvoll.

Sie kennen auch die bewährte Faustregel:

Wer studiert, nicht repetiert, der hat gesät und nicht gemäht.
JÜDISCHES SPRICHWORT

| Repetieren nach: | 1 Tag | 1 Woche | 1 Monat | 1/2 Jahr |

Nur: wie schön wäre es doch – in Zeiten intensiven Lernens –, einen Coach zu haben, der mit einem in den richtigen Zeitabständen repetieren würde und der Dinge, die schwierig einzuprägen waren, öfter abfragen würde als leicht zu merkende Inhalte! Einen solchen Coach gibt es! Sie können ihn sich selbst beschaffen und ich will Ihnen erläutern, wie er funktioniert.

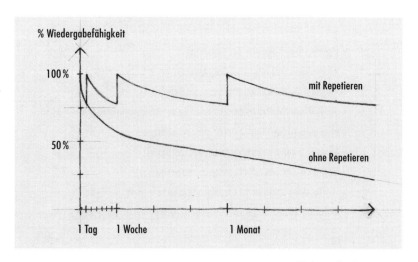

Wirkung des Repetierens

Die modifizierte Lernkartei

Es handelt sich bei diesem »Coach« um einen modifizierten Zettelkasten, den ich während meines Biochemie-Studiums entwickelte und für das Repetieren sämtlicher Fächer benützte.

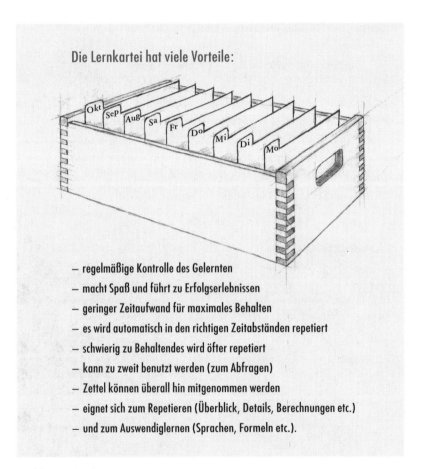

Modifizierte Lernkartei

Er unterscheidet sich von anderen beschriebenen Lernkarteien[9] in der Unterteilung der Fächer. Statt die Fächer progressiv größer werden zu lassen, habe ich bestimmte zeitliche Abstände eingeführt. So enthält meine Box ein Zettelfach für jeden Wochentag und für jeden Monat.

Wie funktioniert die Lernkartei? Die Lernkartei ist nur nützlich, wenn Sie die Zettel in den entsprechenden Fächern regelmäßig bearbeiten. Das braucht zunächst etwas Disziplin, bis Sie sich einen täglichen Rhythmus angewöhnt haben.

Man geht folgendermaßen vor: Sie haben heute am Freitag zwanzig Zettel mit zum Beispiel je einem lateinischen Wort oder Satz beschrieben (Rückseite). Auf der Vorderseite steht die deutsche Version. Sie lernen alles auswendig.

Damit es nach einem Tag repetiert wird, stecken Sie die Zettel ins Samstag-Fach. Am Samstag leeren Sie dieses Fach und bearbeiten die Zettel. Es gibt wahrscheinlich ein paar Wörter, die Sie vergessen haben. Nun teilen Sie die Zettel auf. Wohin kommen die vergessenen? Richtig, bei ihnen beginnt das Ganze von vorne; sie kommen ins Sonntags-Fach und werden so am nächsten Tag wieder repetiert. Die Zettel mit den Wörtern, die Sie noch wussten, kommen wieder zurück ins Samstag-Fach. So werden sie automatisch nach einer Woche wieder aufgefrischt.

Was passiert nun am folgenden Samstag mit den Zetteln im Samstags-Fach? Nach dem Motto »die guten ins Töpfchen, die schlechten ins Kröpfchen« rücken die »guten« ins nächste Monats-Fach vor. Für die »schlechten« beginnt das Repetieren wiederum von ganz vorne (nach 1 Tag, nach 1 Woche ...). Sie kommen also ins Sonntags-Fach.

Genius is one percent inspiration and ninety-nine percent perspiration.
EDISON

Zweierlei Zettel. Beim Bearbeiten des Stoffes beschreibe ich jeweils zweierlei Zettel für die Box; siehe Skizze. Die Zettel im Postkartenformat sind zum Repetieren ganzer Kapitel gedacht. Die Fragen, die man sich beim Repetieren stellen will, werden lediglich als Stichworte notiert. Das spart Zeit und gibt auf dem Zettel eine besseren Überblick.

Auf Zettel von halber Postkartengröße schreibt man auf die Vorderseite ein Stichwort für einen »harten Brocken«, für etwas, das man auswendig lernen muss. Auf der Rückseite kann das Gesuchte aufgezeichnet werden. Für besonders »harte Brocken« können auch gleich zwei oder mehrere Zettel in die Kartei eingereiht werden.

Beide Zettelarten durchlaufen nun die Box. Wenn ich bei den großen Zetteln etwas nicht mehr weiß, mache ich einen farbigen Punkt dazu. Am nächsten Tag repetiere ich nur die so bezeichnete Zeile.

Verschiedene Gebiete repetieren. Verwenden Sie für jedes Gebiet eine andere Zettelfarbe.

Kleine Warnung für Perfektionisten. Meine Box war und ist für mich *das* Werkzeug zum systematischen Repetieren. Ich habe sie mittlerweile bei Studierenden eingeführt und dabei gute Erfahrungen gemacht, aber auch eine Gefahr gesehen: Bei Perfektionisten nämlich kann die Box ins Uferlose führen! Diese schreiben jedes kleinste Detail auf die Zettel und sind dann entsetzt, wie viel Arbeit das Schreiben und das Repetieren verursachen.

Es ist äußerst wichtig, *vor* dem Zettelschreiben zu überlegen, was man überhaupt lernen und repetieren will! Ebenso wichtig ist, nicht nur Details auf den Zetteln festzuhalten, sondern

Repetieren und Festigen

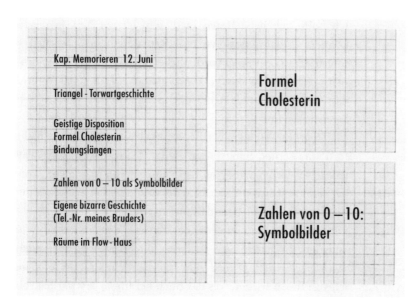

Zettel mit Stichworten

auch Überblicksfragen zu stellen (was ist das Wesentliche des Elektromagnetismus?).

... und die Freuden des Repetierens. Ich habe mir während der Examensvorbereitungsphasen jeden Morgen zuerst die Box vorgenommen. So hat man gleich zu Beginn kleine Erfolgserlebnisse und ist gleich wieder im Stoff drin. Repetieren mit der Box braucht bloß einige Minuten Zeit täglich, denn man bearbeitet nur Dinge, die eine Wiederholung brauchen. Das meiste jedoch kommt schnell ins Monats- und ins Halbjahresfach. Dies macht den Lernfortschritt sichtbar. Ein gutes Gefühl!

Ich hoffe, ich habe Ihnen in diesem letzten Teil aufzeigen können, dass Memorieren und Repetieren Spaß machen – **sofern daraus ein Spiel wird.** Vielleicht sind Sie auch zur Einsicht gelangt, dass das Vergessen manchmal nützlich ist und dass das Auswendiglernen eines Gedichtes Ihre innere Welt bereichern kann.

Ich würde nichts Schöneres kennen, als in Ewigkeit weiterlernen zu dürfen.
CHRISTIAN MORGENSTERN

Meine größte Freude aber ist, wenn Ihnen dieses Buch mehr Lust aufs Lernen gemacht hat. Wenn Sie entdeckt haben, wie spannend der Wissenserwerb sein kann, wenn man mehr darüber weiß und sich mit der Neugier und dem Forschungsdrang des Explorativen Lernens dahinter macht.

Lernen ist ein immerwährender Prozess, der ein Leben lang andauert. In diesem Sinn ist dieses Buch unfertig, denn auch mein eigener Lernprozess geht ständig weiter. Gerne möchte ich von Ihnen wissen, was das Buch bei Ihnen bewirkt hat, ob Sie Anregungen für eine nächste Auflage haben und wie Sie sich als Explorative Lernerin oder Explorativer Lerner entwickelt haben. Schreiben Sie gleich jetzt! Meine Adresse: steiner.muelly@bluewin.ch – ich freue mich auf Ihre Rückmeldung.

Danksagung

Ich möchte an dieser Stelle allen Menschen danken, die es mir ermöglicht haben, dieses Buch zu schreiben.

Mein ganz besonderer Dank geht an Ellen Langer von der Harvard University für die Gastfreundschaft. Ebenso an Max Kürz vom Pendo Verlag, der mich im März 1999 anfragte, ob ich ein Buch übers Lernen schreiben wolle. Das Rohmanuskript, das in Boston entstand, wurde von Ulrich Reiter kritisch gelesen. Seine wertvollen Hinweise aus der Sicht des Studierenden waren sehr hilfreich. Dank der aufmerksamen Lektüre durch die erfahrene Bildungsforscherin und Autorin Regula Schräder-Naef gewann das Ganze an Klarheit. Den letzten sprachlichen Schliff erhielt das Buch durch Katrin Eckert, der ich für das sorgfältige Lektorat dankbar bin.

Zu einem großen Dankeschön verpflichtet bin ich auch Gaby Klaey für die ansprechenden Illustrationen sowie Fritz Wüest für klärende Anregungen. Einschließen möchte ich Michael Hempel für die sorgfältige Satzbearbeitung. Mein Dank gilt zudem den zahlreichen Studentinnen und Studenten, deren Zitate ich verwendet habe. Schließlich freut es mich sehr, dass sich Richard Ernst spontan bereit erklärte, ein Vorwort zu schreiben. Und meinem Mann Karl Mülly danke ich von Herzen für die treue Unterstützung.

Anhang

Anmerkungen

Einleitung

1. Schräder-Naef, Regula. *Rationeller Lernen lernen. Ratschläge und Übungen für alle Wißbegierigen.* (Weinheim/Basel: Beltz, 18. Aufl. 1994).
   Verster, Frederic. *Denken, Lernen, Vergessen.* (München: dtv sachbuch, 20. Aufl. April 1993).

Teil 1 Auf ins Abenteuer

1. The New Lexicon Webster's Dictionary of the English Language. (New York: Lexicon Publications, Inc. 1988).
2. Zitiert aus: Wagenschein, Martin. *Verstehen lehren.* (Weinheim/Basel: Beltz Verlag, 6. durchges. Aufl. 1977).
3. Salis, Jean Rudolf von. *Dem Leben recht geben.* (Zürich/ München: pendo pocket 1999).
4. Goethe, Johann Wolfgang von. *Italienische Reise.* Hamburger Ausgabe. Herbert von Einem (Hrsg.) (München: dtv, 5. Aufl. 1997).
5. Csikszentmihalyi, Mihaly. *Creativity.* (New York: HarperCollins Publishers, 1996).
6. Vester, Frederic. *Denken, Lernen, Vergessen.* (München: dtv sachbuch, 20. Aufl. 1993).
7. Bernstein, Leonard. *The unanswered question.* (Harvard University: Norton Lectures, No. 4. Video Music Education, Kultur No. 1454, 1992).
8. Keller, Helen. (1933). »Three days to see«. *Atlantic Monthly* January, S. 35.
9. Glaxton, Guy. *Hare Brain – Tortoise Mind. Why intelligence increases when you think less.* (London: Fourth Estate, 1998).
10. Ich danke Tal David Ben Shachar für die anregenden Diskussionen und den Hinweis auf das Werk von Nathaniel Branden.
11. Branden, Nathaniel. *The Six Pillars Of Self-Esteem.* (New York: Bantam Books, 1995).
12. Binnig, Gerd. *Aus dem Nichts – Über Kreativität von Natur und Mensch.* (München: Piper Verlag, 2. Aufl. 1997).
13. Kurs »BrainFood« vom 29. September 1998 an der ETH Zürich. Auswertungsbericht ETH tools 1998.
14. Encyclopaedia Britannica 1911, 11th edn. vol 20.
15. Kurs »BrainFood« vom 19. März 1999 an der ETH Zürich. Auswertungsbericht ETH tools 1999.
16. Vermunt, Jan D. H. M. & Van Rijswijk, Frank A. W. M. (1988). »Analysis and development of students' skill in self-regulated learning«. *Higher Education* 17, S. 647– 682.

17 Levi, Primo. *Das periodische System*. (München/Wien: Carl Hanser Verlag, 3. Aufl. 1995).
18 Riding, Richard & Rayner, Stephen. *Cognitive Styles and Learning Strategies*. (London: David Fulton Publishers, 2. Aufl. 1999).
19 Herrmann, Ned. *Kreativität und Kompetenz – Das einmalige Gehirn*. (Fulda: PAIDIA Verlag, 1991).
20 Herrmann, Ned. *Das Ganzhirn-Konzept für Führungskräfte*. (Wien: Ueberreuter, 1. Aufl. 1997).

Teil 2   Konzentration

1 Csikszentmihalyi, Mihaly. *Flow: Das Geheimnis des Glücks*. (Stuttgart: Klett-Cotta, 6. Aufl. 1998).
2 Kückelhaus, Hugo. *Organismus und Technik. Gegen die Zerstörung der menschlichen Wahrnehmung*. (Frankfurt: Fischer Taschenbuch Verlag, 1993).
3 Langer, Ellen J. *The Power of Mindful Learning*. (Reading, MA: Addison-Wesley, 1998).
4 ebda.
5 Csikszentmihalyi, Mihaly. Flow: *Das Geheimnis des Glücks*. (Stuttgart: Klett-Cotta, 6. Aufl. 1998).
6 Bergier, Jean-François. *Die Schweiz in Europa*. (Zürich: Pendo Verlag, 1. Aufl. 1998).
7 Das Programm »Lernen mit Lust!« wurde 1998 von der Autorin an der ETH Zürich lanciert.
8 Salis, Jean Rudolf von. *Dem Leben recht geben*. (Zürich/ München: pendo pocket, 1999).
9 Kurs »BrainFood« vom 29. September 1998 an der ETH Zürich. Auswertungsbericht ETH tools 1998.
10 Steiner, Verena. *Empirische Untersuchung über das Lernverhalten von HTL-Studenten*. (Ingenieurschule beider Basel, Muttenz/Schweiz, 1994).
11 Canetti, Elias. *Die gerettete Zunge*. (Frankfurt: Fischer Taschenbuch Verlag, Neuauflage 1998).
12 Pärli, Barbara & Steiner, Verena. »Auswirkungen des Kurses BrainFood vom 29. September 1998«. Interner Untersuchungsbericht, ETH tools, ETH Zürich. In Vorbereitung.

Teil 3   Den Lernprozess angehen

1 Fischer, Karina, Colombani, P. C. & Wenk, C. (1999). »Effect of pure macronutrient ingestion on postprandial metabolism as well as subjective and objective cognitive performance«. *Proceedings of the Society of Nutrition Physiology*.

Anhang

Josef Pallauf, Hrsg. DLG-Verlag. S. 107.

2 Das Bild des Zielraums stammt von Anton Gunzinger, dem ich für das anregende Gespräch über die Dynamik von Prozessen danke.

3 Schräder-Naef, Regula. *Rationeller Lernen lernen. Ratschläge und Übungen für alle Wißbegierigen.* (Weinheim/Basel: Beltz, 18. Aufl. 1994). Metzger, Christoph. *Lern- und Arbeitsstrategien.* (Aarau/Schweiz: Sauerländer, 1. Aufl. 1996).

4 Dickinson, Emily. *The Complete Poems of Emily Dickinson.* Thomas H. Johnson. Hrsg. (Boston/Toronto: Little, Brown and Company, 1976).

5 Buzan, Tony & Buzan, Barry. *Das Mind-map-Buch.* (Landsberg a. L.: mvg-Verlag, 2. Aufl. 1997).

6 Schraw, Gregory & Graham, Theresa. (1997). »Helping Gifted Students Develop Metacognitive Awareness«. *Roeper Review* 20(1), S. 4–8.

7 Kurs »BrainFood« vom 19. März 1999 an der ETH Zürich. Auswertungsbericht ETH tools 1999.

8 Frensch, Peter A. & Sternberg, Robert J. (1989). »Expertise and Intelligent Thinking: When Is It Worse to Know Better?« In *Advances in the psychology of human intelligence* 3, S. 157–188.

9 Norman, Donald A. *Twelve Issues for Cognitive Science.* In: Perspectives on Cognitive Science. Donald A. Norman, Hrsg. (Norwood, NJ.: Ables Publ. Corp./Hillsdale, NJ: Lawrence Erlbaum Ass., 1981).

10 Anderson, John R. (1982). »Acquisition of Cognitive Skill«. *Psychological Review* 89, S. 369–406.

11 Minsky, Marvin. *K-Lines: A Theory of Memory.* In: Perspectives on Cognitive Science. Donald A. Norman, Hrsg. (Norwood, NJ.: Ables Publ. Corp./Hillsdale, NJ: Lawrence Erlbaum Ass., 1981).

12 Zitiert aus: Palmer, Richard. *Brain Train – Studying For Success.* (London: E & FN Spon, 2. Aufl. 1996).

13 Kückelhaus, Hugo. *Organismus und Technik. Gegen die Zerstörung der menschlichen Wahrnehmung.* (Frankfurt: Fischer Taschenbuch Verlag, 1993).

14 Neumann, Gerhard. (1999). »Man muss mit Ideen experimentieren. Georg Lichtenbergs semiologische Abenteuer«. *Neue Zürcher Zeitung* 42, S. 83.

15 Sartre, Jean-Paul. *Die Wörter.* Autobiographische Schriften, Band 1, Gesammelte Werke in Einzelausgaben. (Reinbek bei Hamburg: Rowohlt Taschenbuch Verlag, 1997).

16 Norman, Donald A. *Twelve Issues for Cognitive Science.* In:

Perspectives on Cognitive Science. Donald A. Norman, Hrsg. (Norwood, NJ.: Ables Publ. Corp./Hillsdale, NJ: Lawrence Erlbaum Ass., 1981)

17 Nuthall, Graham. (1999). »Introduction and background«. *Int. Journal of Educational Research* 31, S. 141–256. Bredenkamp, Jürgen. *Lernen, Erinnern, Vergessen.* (München: C. H. Beck, 1. Aufl. 1998).

18 Pöppel, Ernst. (1997) »Die Sekunden der Gegenwart«. *du, die Zeitschrift der Kultur* 10, S. 00.42 – 01.00.

19 Nørretranders, Tor. *Spüre die Welt – Die Wissenschaft des Bewußtseins.* (Reinbek bei Hamburg: Rowohlt Taschenbuch Verlag, 1. Aufl. 1997).

20 ebda.

21 Miller, G. A. (1956). »The magical number seven, plus or minus two: Some limits on our capacity to process information«. *Psychological Review* 63, S. 81–87.

Teil 4 Inhalte erarbeiten

1 Kurs »BrainFood« vom 19. März 1999 an der ETH Zürich. Auswertungsbericht ETH tools 1999.

2 Kurs »BrainFood« vom 29. September 1998 an der ETH Zürich. Auswertungsbericht ETH tools 1998.

3 Gabel, Dorothy. (1999). »Improving Teaching and Learning through Chemistry Education Research: A Look to the Future«. *Journal of Chemical Education* 76(4), S. 548–554.

4 ebda.

5 Spillmann, Hans. »Milchwissenschaft II – Mikrobiologie«, Script. Lm.– Ing. 4. Sem., Abt. VII, ETH Zürich 1998.

6 Goethe, Johann Wolfgang von. *Italienische Reise.* Hamburger Ausgabe. Herbert von Einem (Hrsg.) (München: dtv, 5. Aufl. 1997).

7 The New Encyclopaedia Britannica (1994) 15th Ed. Chicago: Encyclopaedia Britannica Inc.

8 Getzels, J. W. & Csikzentmihalyi, M. *The creative vision.* (New York: Wiley Interscience, 1976).

9 Glynn, Shawn M. & Takahashi, Tomone. (1998). »Learning from Analogy-Enhanced Science Text«. *Journal of Research in Science Teaching* 35(10), S. 1129–1149.

10 Adler, Mortimer J. & Van Doren, Charles. *How To Read A Book.* (New York: Simon & Schuster, Touchstone Book, 1972.)

11 Bezzel, Chris. *Wittgenstein zur Einführung.* (Hamburg: Junius 3., überarbeitete Aufl. 1996).

12 Nørretranders, Tor. *Spüre die Welt – Die Wissenschaft des Bewußtseins.* (Reinbek bei

Hamburg: Rowohlt Taschenbuch Verlag, 1. Aufl. 1997).

13 Kurs »BrainFood« vom 19. März 1999 an der ETH Zürich. Auswertungsbericht ETH tools 1999.

14 Dubs, Rolf. (1995). »Konstruktivismus – ein neues Paradigma für das Lernen an Hochschulen?«. *VSH-Bulletin* 4, S. 14–25.

15 *Rencontre Lexikon*. (Lausanne: Editions Rencontre. Keine Angabe des Erscheinungsjahres).

16 Dörrbecker, Klaus & Fissenewert-Gossmann, Renée. *Wie Profis PR-Konzeptionen entwickeln.* (Frankfurt a. M.: IMK, 2. unveränderte Neuauflage, 1996).

17 Senge, P., Kleiner, A., Roberts, Ch., Ross, R. & Smith, B. *The fifth discipline fieldbook.* (London: Nicholas Brealey Publishing, 5. Aufl. 1997).

18 Wagenschein, Martin. *Verstehen lehren* (Weinheim/Basel: Beltz Verlag, 6. durchges. Aufl. 1977).

19 Interview mit Richard R. Ernst. Aus der ETH tools Broschüre 1998. ETH Zürich.

Teil 5 Das Vergessen nicht vergessen

1 Kurs »BrainFood« vom 19. März 1999 an der ETH Zürich. Auswertungsbericht ETH tools 1999.

2 Pinker, Steven. *The Language Instinct.* (London: Penguin Books Ltd, 2. Aufl. 1995).

3 Yates, Frances A. *The Art of Memory.* (Chicago: The University of Chicago Press, Paperback Edition. 1974).

4 ebda.

5 Rieger, Stefan. *Speichern / Merken. Die künstlichen Intelligenzen des Barocks.* (München: Wilhelm Fink Verlag, 1. Aufl. 1997).

6 Ähnliche Merkhilfen findet man z. B. auch in: Birkenbihl, Vera F. *Stroh im Kopf? – Gebrauchsanleitung fürs Gehirn.* (Landsberg a. L.: mvg-Verlag, 33. Aufl. 1998). Trudeau, Kevin. *Mega Memory.* (New York: William Morrow and Company Inc., 1. Aufl. 1995).

7 Adler, Mortimer J. & Van Doren, Charles. *How To Read A Book.* (New York: Simon & Schuster Inc., Touchstone Book. 1972.)

8 Csikszentmihalyi, Mihaly. *Flow: Das Geheimnis des Glücks.* (Stuttgart: Klett-Cotta, 6. Aufl. 1998).

9 Leitner, Sebastian. *So lernt man lernen. Angewandte Lernpsychologie – ein Weg zum Erfolg.* (Freiburg/Basel/Wien: Herder-Verlag, 9. Aufl. 1977).

Sachwortverzeichnis

Absicht *siehe auch* Ziele 130, 172 ff
Arbeit und Spiel 112 ff
Analogien 184 ff
Aufmerksamkeit 41
Auswendiglernen 209 ff

Beobachten 35 ff

Denkpause 65, 104 f
Denkplattformen 187, 203 ff
Denkstile 53 ff

Effizienz 200 ff
Ehrlichkeit 22, 34, 40
Einprägen *siehe auch* Memorieren 132
Einstieg in ein Thema 174 ff
Elaborieren 131 f, 182
Entdeckungen 35 ff
Erfahrung 44 ff, 49 ff, 61, 107 f, 164, 188 f
– Tiefe der 109 f
Erinnerung 140–149
Examensvorbereitung *siehe* Prüfungsvorbereitung
Expertenwissen 137 f, 140
Explorative Lerner 17 f, 61, 126, 130
Exploratives Lernen 8 f, 11, 199
– Elemente des 17 f

Gedächtnismodell 149–155
Geistige Disposition 116, 130
Geistige Flexibilität 110 f, 115 ff
– und Lernen 130

Herausforderung, geistige 74 ff, 86, 88
Hirndominanz-Modell nach Ned Herrmann 56 ff
Humor 90

Informationen sammeln 103 f
Innerer Dialog 89, 183

Konzentration 68 ff
– selektive 86 ff
Kurzzeitgedächtnis, limitierte Kapazität 139, 151 f

Langzeitgedächtnis 150, 155
Lehr- und Sachbücher 162 ff
Lernen
– als aktiver Konstruktionsprozess 126 f
– managen 63 f
– unterschiedliche Tiefen 48 ff
Lernjournal *siehe* Tagebuch
Lernkartei, modifizierte 232 ff
Lernort 83
Lernstil 61 ff
Lust 200 f

Memorieren 37 f, 128, 208
Metakognition 123 f
Mindmap 86, 123, 146, 201 f, 221, 227
Mnemotechnik 218 ff
Motivation 18, 29, 62, 102 f, 114, 174, 176

Neugier 18 ff

Offenheit 22, 40

Anhang

Pausen 81 f
Perspektivenwechsel 88, 106 f
Planen 100, 105 f
Probleme 109
Prozesse
– Analyse 97 ff
– des Wissenserwerbs 128 ff
– Grundstruktur 101–107
– Verlauf 107 ff
Prüfungsvorbereitung 99 f

Realitätssinn 30
Reduktive Prozesse 192 ff
Reduzieren 132
Reflexion 43–45, 107
Rekonstruieren 133
Repetieren 133, 230 f
Rhythmus 45, 62, 79, 180, 233

Schlüsselwörter 153 f
Selbstachtung 28
Selbstgespräche 184
Selbstvertrauen 28
Selbstwertgefühl 27 ff
Sinne 22, 25 f, 39, 68, 151 f, 187
Sinneserfahrungen 144 f
Spiel 90, 112 ff, 182
Sport 92
Störungen ausschalten 79 ff

Strategie 198 ff
Strukturanalyse von Texten 166 ff
Strukturieren 132, 195 f

Tagebuch 25, 45 f, 91, 125
Teilprozesse 170 f
Tiefe
– der Erfahrung 109 f
– des Lernens 48 ff
– des Wissens 136 f

Vergessen 211 ff
– in Funktion der Zeit 216 f
– Sinn des 215 f
Vorlesung 84 ff
Vorwissen aktivieren 130 f

Wesentliches herausarbeiten 196 f
Wissen 134 ff
– angewandtes 137, 140
– deklaratives 136 f, 140
– Expertenwissen 137 f
Wochenrhythmus 79

Ziele 102 f
Zielraum 111
Zoomen 121 f

Copyright © Pendo Verlag AG
Zürich 2000
Gesetzt aus der Adobe Garamond
Umschlaggestaltung: Michael Wörgötter
Satz: a.visus Grafisches Büro, Dresden
Druck und Bindung: Pustet, Regensburg
Printed in Germany
ISBN 3-85842-371-8